大是文化

領導不需要頭銜

有了隱形領導力，
就算你背後沒有一個團隊，
也
很

阿里巴巴、百度、騰訊等公司職涯管理顧問
喜馬拉雅、蜻蜓等各大平臺，總收聽量超過兩千萬次
少毅——著

領導不需要頭銜——目錄

推薦序
領導不是權力，而是影響力

「跨世代溝通」千萬首席講師、
商周CEO學院課程王牌引導教練／李河泉

領導為什麼不需要頭銜？所有的領導者不是都最在乎頭銜嗎？其實作者想表達的是「領導不是權力，而是影響力」，這和我近幾年不斷提倡，在跨世代的領導當中「降低權力，提升影響力」的觀念不謀而合。

作者腹笥甚廣，筆走龍蛇，談的內容非常廣泛，看完這本書，順手幫大家整理了幾個不錯的重點。

首先，主管要具有強大的複製能力。

好的主管皆具備教導能力，所謂好的教導能力，就是將成功的方法，有效率的複製給每一位部屬。許多主管可能擔心「教會徒弟，餓死師父」，其實把徒弟教好、捧出來，將自己推向更高的境界，是主管們應該努力追求的。

再來是主管要隨時幫自己找繼任人選。

許多主管總認為部屬做得不夠好，連溝通都要花時間，不如自己來。而且擔心被取代，所以常常不讓部屬跑得太快或表現太傑出，以增加自己的不可被取代性，作者認為是不必要的。

有本暢銷書叫做《別讓猴子跳回你背上》（*Monkey Business*），意思是主管別把不該自己做的事情攬在身上，反而會讓自己做到死。書中還提到京東CEO劉強東的規定，如果在同一個管理職位上做了兩年，還沒有找到公司認可的繼任者，公司就會請你走人，的確，有好的接班人，才能更顯出自己的偉大。

第三個則是練習成為一個值得信任的可靠者。

作者提到職場上只有兩種人：能完成結果的人跟不能完成結果的人。能完成結果的人，在工作中一定會給你一個明確的交代和解決方法，讓你值得信賴；不能完成結果的人，工作中有很多事情會不了了之，只會令人越來越不放心。

可靠的人，就是能完成結果的人，這種人擅長提前溝通，增加準備的時間和成功機會。其次是擅長即時回饋，讓依賴他的人了解進度，產生信任。最後一定會有始有終，將解決的結果和完整的過程讓你知道，能做到這樣可靠性的人，誰會不給予高度的信任感。

第四點為簡單的事情重複做，就有力量。

想要證明自己，就是重複做一件事，一直做下去，直到影響大家。一般人討厭重複做一件事，總覺得做久了沒意思，會想要創新突破，並只想做一件轟轟烈烈的大事來證明自己的能力，但結果往往不如預期。

人們很少感受到「重複帶來信任」的效力。其中，作者提到他寫了七年的日記，而《羅輯思維》的創始人羅振宇，也每天早上堅持錄六十秒的語音已經七年。

看到這裡很有感覺，雖然我文筆普通，但也試著固定每天早上六點，在臉書粉專PO文，連續五年超過兩千天，沒有間斷，或許這也是一種重複的力量吧！

最後，則是做個能賦予意義感的主管。

一個團隊想要留住人，必須讓成員擁有意義感，這邊的意義感意指使命感加歸屬感。偉大的領導者會告訴大家，我們在公司為什麼要做這件事，也就是所謂的描繪願景。

只要部屬能被願景打動，並且知道自己被激發出工作價值，就能領會工作的意義，讓每個職務具備生命力，產生「樂在工作」的生命意義。

一般人行走江湖需要頭銜，如果不用頭銜，就必須拿出自己的武林絕學。推薦各位讀者看看本書，共同修煉我們的武林絕學。

序言
你缺的不是努力，是隱形領導力

什麼是領導力？自己埋頭苦幹，叫努力；懂得用身邊的人、事、物，叫領導力。很多人以為領導力就是領導部屬的能力，其實領導力是幫助你調動更多資源，用更輕鬆高效的方式，解決人生難題的能力。

如果你付出了一百分的努力，卻只取得六十分的成績，那麼你的領導力就讓人堪憂，有限的時間和精力會成為你最大的阻礙，接下來的路會越走越窄；如果你只付出了六十分的努力，卻取得了一百分的成績，那麼你的領導能力還不錯，你還可以調動更多的資源，接下來的路會越走越寬。

這幾年，無論是從自身的成長歷程，還是從其他人的職場發展困境中，我都越來越感受到領導力的重要性。一直以來我們都太過強調個人的努力，而忽略了整合資源的能力。

我們在工作中，埋頭做好自己眼前的事情是不夠的，想獲得主管的支持和同事的配合，只有盡可能調動更多的資源，才能輕鬆且高效的完成工作。

本書共分為八個章節。第一章講的是領導能力的內涵，為什麼要領導別人以及如何領導別人。這一章主要講述職場中個人貢獻者和組織貢獻者兩種不同的角色，他們的工作方式完全不同。

個人貢獻者能不斷提升自身技能，學會管理自己的時間；組織貢獻者則能拆分目標、分配任務、激勵同事，學會管理別人的時間，並獲得帶領他人的底層邏輯。

我們憑什麼指揮別人？這是第二章和第三章的內容。也許你還是基層員工，覺得自己人微言輕，那麼我們就要從小事開始做起，先勝任自己的職位，然後超越自己。也許你不習慣麻煩別人，還不具備影響他人的能力，那我們就從積累自己的信用資產開始構建影響力。

我們到底該指揮誰？當然是身邊的同事和自己的主管！這是第四章和第五章的內容。同事和主管都是我們的資源，我們要學會把主管當成自己的教練並主動出擊，好好運用主管的三大資源：權威、經驗、人脈。

如何調動更多的人，幫助我們做成更大的事情？這是第六章和第七章的內容。調動別人是一門技術，如何做決策、如何下達指令、如何管控過程、如何激勵人心、如何面對內部的衝突，這些問題都是我們必然會遇到的。

說了這麼多如何領導別人的事，我們就能升職加薪做主管？當然可以。第八章將告訴大家，每一個優秀的職場人士都必然走向管理職位。我們可以提升組織能見度，主動爭取升職加薪，利用組織，這才是我們的最終目的。

本書的每一章都聚焦你所關心的痛點問題、感同身受的鮮活故事、顛覆認知的觀點、提供切實的解決企劃，相信你會感受到我的用心和誠意。

最後，分享一句我常對學員們說的話：「學習的目的不是為了獲得，而是為了改變。我相信，如果你願意在工作中試一試本書所講的內容，你的工作會變得更加輕鬆和高效。」如果這本書的內容對你有所啟發和幫助，將是我最大的成就。

第 1 章

領導不需要頭銜

——敢於站出來的人，就是領導者。

我有一個學生畢業後，如願進入了中國跨國科技公司聯想集團，成為一名管理培訓生，入職不久，便向我求助，現在他要寫一份企劃，卻不知道該怎麼開始。

不是主管，就抓住主動權，主動出擊

我感到很詫異，對他說：「這個企劃該怎麼寫，你應該去問身邊寫過的同事，或者交代你這個任務的主管，為什麼要問一個完全不了解這個企劃的人呢？」

他不好意思的回答說：「老是問同事和主管，不就顯得我能力不行嗎？我要向他們證明自己的能力，所以要自己做。」

我告訴他：「其實，在工作中，重要的是拿出讓大家滿意的企劃，至於過程如何完成，當然是怎麼高效怎麼做。千萬不要陷入不借助別人的力量，只透過自己的努力完成任務，才能在主管面前證明自己能力的思維陷阱。」

後來，這名學生帶著自己的問題主動請教身邊的同事，並拿著企劃初稿請示主管，於是很快拿出了讓大家滿意的企劃。

我見過太多職場人士，很努力的工作，但是並沒有取得太大的成績，原因其實很簡單，他們只是在調動自己，讓自己投入時間和精力做事，卻不會調動別人幫助自己做事。簡單來說，就是缺乏指揮別人的能力。

蘋果公司創始人賈伯斯（Steve Jobs）就是一個非常擅長麻煩別人，也懂得運用別人的人。他在讀高中時，想做一臺頻率計數器，正好需要一些惠普公司（Hewlett-Packard）製造的零件，於是他在電話簿上找到惠普總裁的電話，並打電話直接找對方要這些零件。結果，惠普總裁被他的鑽研精神和熱情打動，不僅給了零件，還提供他在惠普公司實習的機會。

什麼是領導別人？我們很多人對領導別人有著深深的誤解，以為領導者就是當官、成為主管、做老闆。

著名的商學院教授詹姆斯．克勞森（James G. Clawson）在《權力與領導》（*Level Three Leadership*）一書中強調，**領導力是管理自己和他人的能力。換言之，就是積極主動整合一切可以利用的資源，積極的影響我們之外的人、事、物，讓他們為我們共同的目標服務。**

其實，人人都可以是領導者。有一次，我在北京的一所商學院演講，有一個學員說：「我對管理別人不感興趣，該怎麼辦？」當時我直接反問他：「你對達成自己的目標感興趣嗎？」

只要你有自己的目標，就不可避免的需要借助別人的力量，這時你需要管理他人。舉例來說，如果你是學生，想要提升成績，就得向成績好的學生討教學習方法，需要獲得老師的指導和建議，這個時候就要試著調動同學和老師。

如果你是母親，想照顧好孩子，不僅要向過來人請教育兒經驗，還要調動丈夫以及雙方的父母，配合自己照顧好孩子，所以，這時要領導自己的家人。

如果你是職場人士，工作中更是需要同事的配合、跨部門開展合作、主管的幫助，這個時候你就是領導者。

然而在現實生活中，我們其實都沒有領導好別人，為什麼？原因有三個：**第一，這不是我的事情；第二，他們不會聽我的；第三，不知道怎麼率領別人。**對此，我來分析一下：

第一，這不是我的事情。這是最可怕的一道坎，很多人在生活和工作中，不夠積極主動，就是因為覺得這不是自己的事。考大學是父母要求的事、養孩子是妻子該做的事、工作是主管安排的事，反正不是我的事。當我們自己都不想做的時候，又如何調動別人去幫我們做？

第二，他們不會聽我的。我們指揮別人的時候，內心覺得就是命令人、使喚人，會覺得這是給別人添麻煩，而感到不好意思。有時候，我們還會覺得自己人微言輕，別人憑什麼聽我們的呢？

第三，不知道怎麼率領別人。我們很想積極率領別人，但是發現自己根本做不到。當我們說出自己的要求，發現別人充耳不聞；當我們讓同事配合工作，發現對方搪塞拖延。這樣的情況遇到幾次，我們自然就放棄了。

以上三點就是我們不能完善帶領別人的原因。然而，暫時做不好一件事，絕對不是放棄這件事的理由。

事實上，一個人的成長，就是不斷解決這三個問題的過程。真正優秀的人，會承擔責任，把自己參與的每一件事都當作自己的事；會盯住目標，暫時忘記自己內心挫敗的情緒，盡力協作，努力調動可用的資源；會思考該如何溝通、如何分工與協調，讓大家高效配合自己。

那些厲害的人，其實都是懂得管理別人的人。中國新東方教育科技集團有限公司的創始人俞敏洪，在總結自己創業的心得時，特別強調了他堅持的主導原則。

主導原則是指在任何場合中，迅速抓住主動權，主動出擊，積極調動大家去做事。俞敏洪說，他從小到大當過的唯一一次班級幹部，就是在高考複讀班時被選為班長。

當上班長後，俞敏洪立刻做了一件事：身先士卒帶領全班同學打掃教室。當時班導對他發起的大掃除讚賞有加，說他們班需要的正是願意為大家服務的人當班長。同學們也從這件事中，看出俞敏洪吃苦耐勞的性格、為大家奉獻的精神。

俞敏洪說：「主動出擊，影響別人非常重要。」他還表示，抓住機會之後，你還要找一些夥伴，積極調動他們，讓他們成為你的幫手。比如，他當年集合班上幾個成績好的同學，幫成績落後的同學共同進步。

後來，在創立新東方的時候，俞敏洪也是站出來先組建核心團隊，然後再透過核心團隊招募周遭有能力的人，一層層擴散，才有了新東方一批批優秀的老師，才有了今天新東方的成就。

俞敏洪所說的主導原則——主動出擊，影響別人，其實就是懂得率領別人。以後當你對自己說，你已經盡了全力的時候，請再思考一下，你是不是只是盡了自己的體力？你是否調動了身邊能借助的所有資源幫助自己呢？如果沒有，說明你還沒盡全力。

這個時代，學會做一個調動資源的聰明領導者，是成功的必要條件。

敢於站出來的人就是領導者

人們常說，人多好辦事。真的是這樣嗎？以下例子相信你也在工作中遇過。

主管急著出差，出發前要求部門部屬提出一個促銷企劃，指明讓阿豪負責組織大家討論一下後，把確定好的企劃發給他。於是甲、乙、丙、丁，加上阿豪，五個人一起開會，討論促銷活動該怎麼做。

甲說：「我覺得顧客如果購買人民幣一千元（按：本書根據二〇二一年五月

二十六日當天公告，新臺幣一元等於人民幣四．二元，若無特別標註皆為人民幣）以上的商品，就送一百元的筆記本，我們確定一下筆記本的品牌吧。」

乙說：「現在誰還用筆記本，要不送個滑鼠吧！」

甲聽完乙的話後辯解：「筆記本有禮物的性質啊，還不貴，為什麼要講究實用？你懂滑鼠嗎？一百元根本買不了好的滑鼠。」

這時候丙說：「一千元太高了，要不八百元吧，也別送禮物了，就送一百元的優惠券吧。」

丁忍不住插話：「促銷又不是只有送東西，一百元就這麼送出去，太可惜了，還要算上寄送的物流成本！」

丁的發言引起了甲、乙、丙的反擊，紛紛說：「羊毛出在羊身上，促銷不送東西，還能送什麼？」

阿豪為此感到特別鬱悶，一場會議討論下來，大家幾乎都吵了起來，最終不歡而散。最後，他只能自己一個人加班趕企劃，結果把企劃發到群組後，同事們各種挑毛病，主管看到大家無法達成共識，也發了火，對阿豪很不滿。阿豪覺得自己真是吃力不討好，問我為什麼會這樣，他應該怎麼辦。

我對阿豪說，其實他的問題很簡單，就是不會帶領別人。阿豪聽完後表示自己又不是主管，怎麼叫得動同事呢？我跟他說，他並沒有理解帶領他人的意義所在。任何一個群體，要想做成一件事，就需要有人站出來指揮大家，否則就會浪費資源，任務也會失敗。然而在工作和生活中常常缺少這樣的指揮者，為什麼呢？

第一個原因是因為旁觀者效應（Bystander effect）。

一九六四年，紐約的街頭發生一起凶殺案，凶手行凶超過半個小時，有三十八個人目睹或者聽見了這起謀殺案，但是沒有人報警，也沒有人干預。

比布．拉塔內（Bibb Latane）和約翰．達利（John Darley）兩位社會心理學家被這樁凶殺案吸引了。他們提出了一個假設：之所以沒有人伸出援手，原因恰恰在於旁觀者很多，每個旁觀者都覺得其他人會幫忙，所以自己就沒有站出來。

這兩位社會心理學家做了很多實驗，驗證他們的假設，發現旁觀者效應。也就是旁觀者越多，每個人覺得自己的責任就越小，於是站出來解決問題的人就越少。

在組織當中，同樣也有旁觀者效應存在。一個集體難題涉及的人越多，每個人感受到的責任就越小，挺身而出的可能性就越小。

阿豪的同事們將討論變成爭論，就是因為其他同事都成了企劃案的旁觀者，沒有人引導他們要為最終的企劃案負責，於是他們開始爭論起來。除了旁觀者效應帶來的責任感缺失，導致缺乏領導者，還有一個類似的原因也會導致同樣的結果。

演化心理學（Evolutionary Psychology）學者馬克・范・武格特（Mark van Vugt）曾提出一個觀點：「我們天生都是追隨者，人類進化而來的默認裝置是追隨，而不是領導」。

有兩個進化上的原因讓我們選擇了追隨。首先，追隨者就是隨波逐流，人越多越安全，有利於個體在原始環境中生存下來；其次，追隨者透過模仿來學習，避免試錯過程中可能帶來的危險代價。比如，看見獵物先衝上去自然更危險，在後面跟著更安全。也就是說，集體中存在大量的追隨者，他們需要被引導。

因為旁觀者效應，所以很多人會忽略自己的責任，並沒有真正為群體解決問題。也正是因為追隨是大多數人的默認裝置，所以多數人都在等待其他人挺身而出。此時，我們就需要勇敢站出來，成為帶領大家的人，這樣事情才能成功。

也許你認為工作中有主管帶領我們，聽他們的安排就好了。但是阿豪的例子已經回答了這個問題，他們不可能主導所有事情。

工作中只要有分工，就需要有帶領者，如此我們要學會領導別人，否則有責任心的人就像阿豪一樣，凡事只能自己做，把自己累到死。沒責任心的人就渾水摸魚，白白耽誤了自己的職業生涯。

那麼，我們憑什麼帶領別人呢？讓我們來看一個震撼人心的營救故事，這個故事告訴我們，成為一個領導者需要哪些條件。

故事發生在一九七二年，有一架飛機從烏拉圭飛往智利，因為天氣惡劣，墜毀在安地斯山脈，墜毀地點在海拔四千公尺的雪山上，最近的蹤跡在四千公尺以外，倖存的三十人堅持了六十天依然沒有等到救援。

這個時候，有一名叫南多的倖存者決定出發尋找救援，他說服了眾人為他準備一些食物，和另一個同伴同行。最終，兩人走了整整十天，才走出雪山找到了救援隊。救援隊立刻趕到墜機地點，救出了剩下的人。

故事的主角就是南多，飛機上搭載一支大學生橄欖球隊及其隊員的親友，南多並不是球隊的隊長，只是一名相貌普通，平時甚至有些害羞的大學生。但是他最終在危難時刻，成了指揮者，創造了奇蹟。

以下四點是南多成為指揮者的主要原因：

一、有目標。在飛機失事的幾天後，大家從收音機裡聽到消息，說救援者找不到他們，停止了救援。聽到這個消息之後，多數人都絕望了，失去了目標。但是，南多反而堅定了他要走出雪山的信念。

二、有信心。他相信，走出去才有一線希望，繼續等待只能是死路一條。

三、有行動。南多下定決心之後，開始說服大家，鼓舞大家，讓大家相信他的想法是可行的，引領大家做好準備工作，還請求身體狀況好的人跟他一起同行。

四、做表率。他自己親自上路，哪怕累死在路上也在所不惜。有目標、有信心、有行動、做表率，讓他成為團隊的領導者，創造了世界空難史上，在如此極端環境下還能夠生還十多人的奇跡。

在工作和生活中，每個人都可以做到這四點。找到符合大家共同利益的目標；制定可行的計畫；相信目標可以達成；做好充分的準備，以身作則積極調動大家。

在電影《蜘蛛人》（*Spider-Man*）裡，養育蜘蛛人長大的叔叔，在去世前留下了一句改變了蜘蛛人的話：「能力越大，責任越大。」我們每一個人都有能力成為領導者，而且團體也需要這樣的人，此時，我們必須有所擔當，肩負起這個屬於我們的責任。

領導力是影響力，而不是權力

不知道曾經的你，是否和我一樣有過類似的想法。

讀小學時，想著如果我是班導，一定不讓大家背課文；國中時，想著如果我是校長，一定不讓大家考月考；大學時，想著如果我是教育部部長，一定不讓大家考英語四級（按：中國教育部主辦的全國性英語考試）。

這些天真的想法背後，隱藏著一個有趣的邏輯：當坐到某個位置上時，我們就有了權力，就能決定很多事情。

很多人在職場上也有這樣的邏輯：「我之所以調動不了同事，就是因為我不是主管，等我成了主管或者總監，他們自然會聽我調遣了。」真是如此嗎？

朋友瑩瑩的直屬主管之前突然離職，她被安排暫時代理主管的職責，瑩瑩很想利用這次機會證明自己。

可是，過沒幾天，她就遇到了一件棘手的事情。行政部門的同事要她的部門派兩個人配合去倉庫清點庫存，瑩瑩也沒有多想，就安排了兩位同事前去，沒想到那兩位同事很不情願，在群組裡說，這些不是他們的工作，還冷嘲熱諷說瑩瑩沒有主見，被人牽著鼻子走。

瑩瑩不知道該說些什麼，一氣之下，自己去倉庫清點庫存，獨自加班弄到晚上十點多。

事後她覺得很委屈，也很氣憤，想到自己在沒有代行主管工作的時候，同事對她還很客氣，肯定不會出現這種情況，怎麼現在稍微要求一下他們，就有這麼多的意見呢？

瑩瑩知道我對企業管理有研究，就問我她是不是應該去和主管聊一聊。她覺得之所以出現這種情況，是因為她只是代行主管的職責，所以同事們才不聽她的話，只要主管把她扶正，她就能叫得動這些同事了。

聽完瑩瑩的訴苦，我笑著對她說：「可不能去找主管把妳扶正。主管現在讓妳代理職責，就是想考察妳的管理能力，如果妳這個時候拿這些小事向主管要權力，不就是向他證明，妳不會管理別人，只會以權壓人，他會放心讓妳做主管嗎？」

瑩瑩似乎有所領悟，我接著說：「妳去的結果，只會加快主管盡快招聘一個新主管替代妳，如果是這樣，妳會失去這次難得的升職機會。」

瑩瑩的問題出在她對管理的理解，在她心裡認為，帶領別人的能力是管理職位帶來的，當自己真正做了主管，他們自然就會服從了。

其實，**很多職場人士都有這樣的想法。當了主管，自然就能管別人了。然而這個想法恰恰是我們無法升職的原因。**

管理學大師彼得·杜拉克（Peter Drucker）在《杜拉克談高效能的五個習慣》（*The Effective Executive*）一書中強調：「我們不能透過看一個人有沒有部屬，來判斷對方是不是管理者。只要是能對身邊同事的工作方向、工作內容、工作品質及工作方法等施加積極影響的人，哪怕是基層員工，也是管理者。」

能夠積極影響別人的就是管理者，管理能力不是更高的職位或者頭銜賦予的，這能力其實是一種積極影響他人的思維方式，是每一個人都能擁有的。

現實工作中也是這樣，只有具備了管理能力，才能擔任主管職位；反之，即使擔任了該職位，也做不安穩。

我管理的菁英進階班有一名學員叫佳佳，雖然是公司裡的主管，可是她比自己的部屬還忙、還累。因為她不會管理，部屬都不怎麼喜歡她，更上級的主管也不怎麼信任她，她整天都是四處救火，疲於應付各種雜事。

我有一次調侃她：「妳雖然薪資是部屬的一倍，但妳的工作量卻是部屬的三倍。如果是這樣，妳做主管還有什麼意義呢？」像佳佳這樣的管理者其實不少。

所以，具備領導他人的能力才是核心。那麼，我們就要理解，員工和管理者的區別到底是什麼。

著名的管理諮詢大師拉姆・查蘭（Ram Charan）在簡體中文版《領導梯隊》

（*The Leadership Pipeline*）一書中，提出了一個很好的概念——個人貢獻者。

拉姆將埋頭於自己的業務，專注提升個人業績的基層員工叫做個人貢獻者；將不僅埋頭自己的業務還能積極影響他人、為整個組織帶來貢獻的人，叫做組織貢獻者。

身為個人發展學會管理菁英進階班的總教官，我在第一堂課就區分了個人貢獻者和組織貢獻者，如表一所示。

個人貢獻者和組織貢獻者是兩個完全不同的角色定位。簡單來說，**個人貢獻者是透過個人的努力，將個人的價值最大化；組織貢獻者，是透過調動組織的資源，讓團隊的價值最大化。**

個人貢獻者最核心的能力是執行力。很多優

表一　個人貢獻者和組織貢獻者區分表

	個人貢獻者（員工）	組織貢獻者（管理者）
能力要求	執行力：按照組織要求完成任務。	領導力：調動資源實現組織目標。
工作方式	訓練技能以及管理個人的時間。	拆分任務以及管理他人的時間。
工作理念	提升個人能力完成任務。	透過調動組織資源，完成目標。

秀的職場人士最擅長的就是執行，能一個人埋頭堅決的執行公司的要求、客戶的需求，把手頭的工作做好。

組織貢獻者最核心的能力是管理能力。他們能調動資源，調動同事、跨部門同事、主管等所有能用得上的資源，讓團隊的工作盡可能的清晰、簡單、高效。

這兩種角色的工作方式也完全不同，個人貢獻者要不斷提升自己的技能，學會管理自己的時間；組織貢獻者要能拆分目標、分配任務、激勵同事，學會管理別人的時間。

所以，員工和主管的核心能力和工作方式完全不同。我們要做的就是跳脫員工的思維，學會像主管一樣思考和行動。

真正的管理者，其實是貢獻者，**只有為團體帶來貢獻的人，才能成為管理者。而為團體貢獻的最佳方式就是積極承擔責任，調動資源，幫助大家解決問題，成為有價值的組織貢獻者。**

第 2 章

把人帶出來，你才有機會升上去

——你願意把自己的能力，複製給其他同事嗎？

常常聽到有朋友說自己在工作上人微言輕，根本影響不了身邊的同事，更不要談帶領他們了。

職業菁英研修班有一位學員，有段時間幾乎每天從早忙到晚，他仔細分析了自己手裡的工作，發現很多事情都是因為缺乏溝通，導致大家的努力效率非常低。於是，他把自己的想法和建議寫了下來，發給身邊的同事和主管。可是同事們只是說這段時間會忙一點，主管也只是表揚了一下他愛思考，還說有時間找他聊聊，結果就沒有了下文，這位學員因此感到有些沮喪。

可靠，就是用完成小任務證明自己

不知道你是否也有過這樣的經歷，看到了工作中的種種問題，也提出了自己的建議，但是同事和主管根本就不重視，這讓你感到很受挫，自己的一股熱情好像都被澆滅了，心想還是做好自己的事情算了。

暫且不論我們的建議是否正確和重要，我們要怎麼做才能積極影響他人，讓我們的話更受重視呢？這個問題從根本上來說，是話語權的問題。**很多人以為話語權中的「權」，是權力，但其實是權威。真正能夠影響別人的，其實是我們在對方心中的權威感。**

權威分為專業權威和人格權威。

專業權威的核心體現在成就上。這個比較容易理解，一個人的成就越大，我們就會越相信他，越願意聽取他的經驗。

然而很多人太過看重專業權威的價值，覺得自己得不到認可和機會，就是因為自己沒有拿得出手的成就，以為只要有了成就，比如職位、名望等，就會具備影響力，既然現在還沒有，那就只能等待，這是很多職場人士都存在的錯誤認知。

我們雖然缺乏專業權威，但我們可以透過提高人格權威來提升自己的話語權，打造影響力。

提高人格權威的根本在於行為方式。當我們能長時間按照一套正確的行為方式行動時，我們就會展現出人格權威，這其實是很多人即使沒沒無聞，但是最終能取得成功的原因。人們並不總是迷信權威，如果我們真的只迷信權威，那麼就不會有新作家、新導演誕生了，因為機會早就都給了那些功成名就的權威。

人格權威是長時間按照一套可靠的行為方式所帶來的，對我們來說，就是一直做好自己眼前的小事。

你可能也聽過這樣一件事情。一名剛入職華為的新員工，他充滿了激情，非常努力工作，還有一雙觀察入微的眼睛和一顆以天下為己任的心。在工作中，他發現了很多華為在管理和戰略上的問題，對此憂心忡忡。於是，他非常認真負責的寫給華為創辦人任正非一封「萬言書」，談及自己對華為經營戰略的看法和建議。

任正非十分「感動」，然後批覆：「此人如果有精神病，建議送醫院治療；如果沒病，建議辭退。」我問了在華為擔任高階主管的朋友證實過這件事，他說是真的，這個新人還是中國某名校畢業的研究生。

還有一個故事：朋友的公司在暑假招了一個實習生當電話客服，工作內容是專門接聽使用者回饋和處理客戶問題。後來這個實習生在三個月實習期結束後，發給朋友一份實習總結，裡面包含了常見的客服問題清單、應對話術和解決流程，足足有上百頁。

朋友看到後立刻對這個實習生說：「你畢業後直接來我們公司上班，正式入職，客服主管的位置就是你的，再給你配兩個人。」

兩個都是沒有工作經驗的新人，工作上沒有什麼拿得出手的成就，但為什麼一個被開除，一個被重用呢？

簡單來說，一個人明明沒影響力，卻要去影響自己遙不可及的事情；另一個人埋頭做好自己眼前的事情，用能力證明自己，最終收穫了影響力。

建立人格權威最好的方法，是堅持做好自己眼前的小事。把小事做好，能夠累積信任，再加上時間的累積，就會讓我們具備影響別人的人格權威。

可惜不少職場人士常常看不上眼前的小事，覺得這些小事沒意義，做好了也沒有拿得出手的成就，所以就不願意做或者做事的時候隨便敷衍。結果必然導致我們沒有權威感，在工作中自然就人微言輕，即使說的話再有道理，也沒人聽，沒有影響力。

所以，做好眼前的小事，是積攢影響力並影響他人的第一步。事實上，工作中堅持做好簡單的小事，是絕大多數人脫穎而出的致勝祕訣。

舉一個我自己的例子，我的第一份工作是中國文摘類期刊《意林》雜誌的編輯，工作不久，得知公司打算打造在全國進行巡迴演講的明星講師，我知道這是一次難得的機會，於是就報名了。當時還有另外幾名同事也報了名，我們一起角逐這次機會。

主管給我們一個半月的時間準備演講稿，讓我們公開試講進行競爭。在這一個半月的時間裡，我瘋狂聽各種演講，一字一句寫下自己的演講稿，每天下班在公司樓梯間反覆練習，每週一有機會就找主管聊聊我的演講稿，還在他的面前演講一番。最後，我們根本沒有試講比拚，主管就直接把這次機會給了我。

當時公司辦全國巡迴演講的目的，除了前進校園打造意林品牌，還要幫助當地郵局提升雜誌訂閱量。幾個月裡，我幫助郵局工作人員梳理訂購流程，在幾個省中至少提升了《意林》雜誌一二%的訂閱量，於是主管就讓我組織講師團隊。當時和我一起競爭的同事對我心服口服，而一些工作了幾年的前輩也都成了我的部屬。

我常常提醒一些職場人士，當我們能力有限，沒有取得足夠亮眼的成績時，我們可以做一朵「蘑菇」，蘑菇是在任何環境下都能生長的。我們常常會像一朵蘑菇一樣，被同事和主管放到沒人注意的角落，不受重視，甚至做些打雜、跑腿的事情，還會受到苛責，在「陰暗處」默默生長。但這是一個必然的過程，是我們提升能力、磨練毅力的好機會。

在這樣的前提下，我們更要做好眼前的小事並持之以恆，讓同事和主管看到我們的態度和能力，慢慢累積自己的人格權威。等到合適的時機，我們就能擁有影響力，獲得新的機會，最終脫穎而出！

懂別人需要什麼，別人才會配合你

如果你的第一份工作是客服，你會去做嗎？我想大多數人都不願意，因為客服的工作就是接電話，而且往往面對的是客戶的投訴，每天滿滿的負能量，誰會喜歡這樣的工作呢？

但是我有認識一個朋友，他進入自己心儀的公司後，主動申請做客服，而且表現得非常出色。他之所以做客服，是因為客服是觀察和學習的好職位，可以迅速了解公司的重要資訊，也可以請教所有相關部門的人。

而且還因為大家都不願意做客服，所以只要在這個職位上多用心一些，就更容易脫穎而出。事實證明，這位朋友的選擇是非常正確的。他工作不到三年，就當上了銷售部的副總經理。

很多人會抱怨說，自己做的就是些零碎工作，同事和主管根本就不會放在心上，怎麼影響他們，獲得更多的機會呢？

事實上，站在組織分工的角度，不同的職位為組織創造的價值是不一樣的。一家公司的倉庫管理員和人力資源經理，他們工作內容的重要性以及為公司創造的價值確實是不一樣的，這個道理大家都明白。

但是，可能就是因為太明白這個道理了，覺得我們只要做好職位要求的事情就好，結果就把自己束縛於自己的職位上，成了一顆沒有影響力的螺絲釘。

其實，我們完全可以在自己的職位上施加更大的影響力，創造更大的價值。我很敬佩的管理專家——北京大學管理學教授陳春花，曾講過她在青島某花園酒店遇到的事情。

在一個冬日的清晨，她正要趕赴一個會議，但是自己的車突然無法發動，酒店的警衛看到後主動上前詢問，看著陳教授發動了幾次都不行，警衛說：「您別著急，我請維修師父過來幫您看看。」

陳教授有些吃驚的說：「這麼早又這麼冷，你能請得動他們嗎？」這位警衛不假思索的回答：「只要是客戶的問題，總經理我都能叫來！」不久後，維修師父就來了，很快就把車修好了。

陳教授總結說，這家酒店之所以有極好的口碑，就是因為他們沒有在公司裡強調大家必須各司其職。原本警衛只是負責開門和接引的工作，但是公司鼓勵員工超越自己的職位，為每一位客人的體驗負責，而且只要是為客戶解決問題，誰都有影響力調動資源。

如果我們在工作中學會跨界思維，學會把自己的小事做成公司的大事，我們自然就和這個警衛一樣具備影響力。

很多人在工作中缺乏影響力，就是缺乏把小事做成大事的能力。什麼是把小事做成大事的能力？阿里巴巴前任總裁兼ＣＥＯ的衛哲，就是一個能把小事做成大事，從實習生做起的職業菁英。

他大學沒畢業就去上海萬國證券實習，擔任萬國證券創始人管金生的祕書。管金生對部屬非常嚴厲，一般祕書往往做不滿一年，結果衛哲不僅任滿了一年，還晉升成了副總經理。

他的祕訣很簡單，就是把小事當成大事處理。

比如，一開始衛哲只是負責翻譯和剪報，他會暗中觀察哪一類是老闆看過的，然後只剪取重點；還有列印資料，簡單得不能再簡單了，但衛哲卻做到極致。他會根據主管的習慣和偏好，來調整字體和字型大小，讓對方看著舒服。他還按照資料的重要性進行排序，而不像一般祕書那樣直接堆在一起。

長期下來，管金生對衛哲刮目相看，索性讓他替自己撰寫報告和演講稿。衛哲一開始寫不好，經常被要求重做，但他一遍遍修改，最終獲得了認可。衛哲很快被提拔為資產管理部的副總經理，成為當時中國國內證券界最年輕的副總。那一年，他二十四歲。後來，他在馬雲的力邀之下加入阿里巴巴，並被委以重任。

把小事做成大事，就是不要只盯著自己眼前的工作，而是要思考自己工作的意

義和目標。最好的方法，就是讓自己向工作的上游和下游延伸。衛哲就是這樣做的，他沒有只盯著自己需要翻譯的文件、要整理的資料，他會思考這些文件和資料的意義，幫助老闆獲取高品質的資訊，節省老闆的時間。

同時，他還會思考自己交出文件和資料之後老闆的動作，會提前為老闆排序資料——這就是將自己的工作向下游延伸，確保結果能更好。

我們職業菁英研修班有一位學員，在一家互聯網公司做設計師，當時她遇到了嚴重的職業倦怠問題，對工作感到很厭煩，於是找到我們的職業輔導師，希望職業輔導師能夠幫助她。

她覺得自己的努力完全白費了，做出來的設計總是被人挑毛病並且改來改去，這讓她身心疲憊，幾乎到了崩潰的邊緣。

職業輔導師幫她分析為何努力會無效，這位學員說同事總是拿著各種設計需求來找她，但是同事們的需求根本就不明確，總是讓她先設計出一版，然後大家又提各種意見，結果就改來改去，加上手頭上專案又多，時間緊迫，最後讓她本人苦不堪言。

這位學員的根本問題就是在工作中太被動，沒有向上、下游延伸自己的工作，積極影響同事，最終變成了被一群不懂設計的人牽著鼻子走，工作不辛苦才怪。

想想如果你去理髮店，理髮師問你：「你想怎麼剪？」你會不會覺得很無語。你會說剪短一點、剪漂亮一點，你也只能說出這種很模糊的要求。因為具體剪成什麼樣，你自己都不知道，你花錢找理髮師，就是要讓他提供專業的建議。

這時候，優秀的理髮師會先和你聊聊，問你喜歡什麼髮型、之前剪過什麼髮型、最近流行的什麼髮型可能適合你，溝通明確之後，他才會動手剪。

普通的理髮師只是理髮，優秀的理髮師會往剪髮的上游延伸，滿足我們內心的期待，讓我們喜歡他推薦的髮型，最終他就能輕易剪出我們喜歡的髮型。優秀的人都是這麼做事的，在做事之前，就開始影響你。

透過職業輔導師的幫助，這位設計師明白了這個道理，開始在工作中積極向上下游延伸。她要求有設計需求的同事必須準備好三樣東西：文案定稿、風格描述、參考設計。沒有這三樣東西，就不會設計。不僅如此，她在動手設計之前，一定會花時間和同事好好聊聊該專案的背景和目的，引導同事明確需要的設計風格，管理同事的預期。

而且她還定下規矩，初稿完成之後，只能修改三次，修改超過三次就要重新走流程，算是重新設計。不到一個月，她的工作輕鬆了很多，而且同事們非但沒有覺得她難溝通，反而覺得她突然變得專業了，大家也越來越喜歡她。

很多人會覺得自己的工作沒意義，或者越做越沒幹勁，如果是這樣的想法，我們在工作中就一定是被動的，只能被別人呼來喚去，甚至被邊緣化。

這種時候我會問他們，在你的工作之前和之後還有什麼工作、誰和你配合。任何工作都有自己的上游和下游。

只要我們**在工作中保持積極主動，帶著謙卑和善意，站在公司和客戶的角度，把小事當成大事去做，幫助自己工作的上游和下游去優化流程解決問題，那麼我們在工作中一定會具有積極的影響力**，同事和主管也會感受到我們的善意，對我們更加認可，更願意協助我們的工作，成功就是早晚的事。

把人帶出來，你才能升上去

有一位朋友向我請教，她是公司裡的業務主要負責人，主管總是把新人安排給她帶，剛開始她還挺樂意的，可後來新人成長起來之後，對她越來越不客氣，甚至搶她的功勞，她大有「帶出徒弟，餓死師父」的感慨，問我應該怎麼辦。

很多人都會有這樣的擔心，害怕身邊的同事超越自己，尤其是眼看著新人要超過自己的時候，就更加感到恐慌。面對這樣的恐慌，我們常常會陷入兩種處境。

一種是上進的職場人士。他們會不斷的提升自己和同事競爭，希望能夠始終超越同事。他們相信，只要不斷提升自己的業務能力，就不必為此而感到恐慌。這樣做的結果很容易陷入業務冠軍陷阱。

何謂業務冠軍陷阱？就是一個職場人士太過於追求個人業績，競爭意識太強，缺乏合作精神，這就導致自己雖然業績不錯，但是只會埋頭做業務，同事不會喜歡他，主管也不會重用他。

在主管看來，提拔了你，誰來做事呢？這樣的職場人士在工作中很難有積極的影響力，也就更難升職加薪了，只能靠拚體力勝出。

另一種是不上進的職場人士。他們為了不讓同事超過自己，面對腦子更快、體力更足、加班更勤的新同事，可能會在工作中故意隱藏一些關鍵的技巧和經驗，因為這些是他們唯一的優勢，一旦這些也被別人學去了，自己就沒有競爭力了。這樣做的結果，必然是同事們暗地誹謗不已，導致關係緊張。

不管是想要努力超過同事，還是有所保留的防著同事，結果都會導致同事關係緊張，讓我們在工作中難以具備影響力，就更加談不上帶領大家了。

有一段時間，我對海底撈的管理很感興趣，透過朋友介紹，認識了一家海底撈門市的負責人，近距離觀察了他們的內部管理。我參加了他們每天下班之前的分享會，有位老員工就對新人們講：「讓客人開心的關鍵，不是點頭哈腰，而是記住他們的長相和名字。為什麼？你們想，是恭恭敬敬的問一句『您想點什麼』好，還是說『羅總您來了，今天吃點什麼』，客人更高興？」

當時，我對旁邊的主管說：「這些老員工分享自己的寶貴經驗，不害怕新人超過自己嗎？」他回我：「這位老員工希望成為明星員工，將來還想成為店長，這點經驗對他來說不算什麼。」

這位資深員工為什麼會毫無保留的分享自己的經驗？原因很簡單，在他眼裡，他根本不想成為優秀的服務生，他要成為優秀的店長。當他只想做優秀的服務生的時候，他就會和身邊的同事競爭；當他想成為店長的時候，他就會讓自己成為管理者，幫助身邊的同事。

在職涯發展的過程中，職場人士有四個層級的競爭力：靠體力競爭、靠經驗與技能競爭、靠資源與格局（按：指一個人的眼光、胸襟、膽識等心理要素的內在布局）競爭、靠生態與模式競爭。

對於職場新人來說，最強的競爭力就是體力，誰更肯做事誰的機會就更多，誰就越容易脫穎而出；對於業務老手來說，最強的競爭力是豐富的經驗，誰有更成熟的方法來解決更多的問題，誰就更厲害；對於主管而言，競爭力則是掌握多少資源和解決問題的思路與方法是否更厲害；對於商界領袖而言，也就是企業家，他們的競爭力是對商業模式的設計以及商業生態的構建。

可以說不同的層次，競爭力也完全不同。要想超越同事，一定不是拚體力、比誰工作投入的時間多，也不是靠藏著的技巧和經驗。我們要在更高層次的資源和格局上努力，讓自己成為管理者。

如何具備整合資源的能力，擁有更高的格局呢？做到這些有一個重要的前提，就是把你的能力複製給你的同事。讓你的同事為你分擔那些具體事務，然後你就有時間和精力去突破和成長，向你的主管學習，擁有和你主管一樣的資源和格局。

很多人忽略了複製的意義，從根本上來說，生命因為複製而延續，細胞就是在不停分裂和複製。我們生兒育女其實也是在複製自己的基因。

商業上也是如此，一家公司厲不厲害，就看它做的事情可不可複製。世界上名列前茅的餐飲品牌，例如，星巴克、麥當勞、肯德基、必勝客，都有其各自的特點可以快速複製。

可複製帶來穩定的品質和更大的規模，也就有更大的商業價值。過去我們的中餐是無法做到批量複製的，但隨著冷鏈（按：控制溫度的供應鏈。完整的冷鏈為一系列不間斷的冷藏生產、儲存和配送活動，連同相關的設備和物流，維持產品於一定的低溫範圍以保持品質）和中央廚房等技術的突破，中餐也可以複製了，於是出現了海底撈這樣的知名品牌，這就是可複製的力量。

職場上也是如此，**一個人厲不厲害，就看他能不能把他的能力複製給自己的同事或者部屬**，讓同事也具備和自己一樣的能力，**當學習你的人越多，你在團隊中的影響力就越大**。

橋水基金（Bridgewater Associates）是世界頭號對沖基金，這家公司是怎麼找出人才呢？基金的創始人瑞．達利歐（Raymond Dalio）採用了一個巧妙的能力可複寫原則。

員工不論在任何場合分享觀點和經驗，都會被記錄下來。然後，公司會透過員工的投票或者事後檢驗，來驗證這條經驗是否能被大家複製使用。每個人都有一個複製效果的權重得分，評判過後，得分就會調整。

如果你貢獻的經驗是錯誤的，或者是沒有實際用處的，那麼得分就會降低；如果你的經驗被很多人驗證有效，得分就會很高。

達利歐認為，越多人使用你的經驗和方法，說明你越厲害，在公司裡就越有威望，自然就可以擁有更高的職位。很多公司雖然沒有橋水基金這樣的制度，但是同事和主管也是基於你複製給他人的能力，來評判你的價值。

我們試著站在老闆的角度想一想，如果你是老闆，手下有一個業績超強的人，但是只會自己做自己的事；還有一個人業績優秀，並且很會指導新人。你會讓誰做銷售主管？顯然是後者，因為後者能把能力複製給別人，為團隊創造更大的價值。

優秀的職場人士，不會擔心自己的技能或經驗被同事學去。恰恰相反，他們會把能力複製給自己的同事，藉以提升自己的影響力，讓自己從具體的瑣事中擺脫出來。是的，我們沒有必要和同事在體力、經驗、技能上競爭，要明白「**教會員工，自己輕鬆**」的道理。我們需要的是整合資源、提升格局，讓同事超越我們，如此我們才能超越主管。

製作屬於自己的清單和手冊，讓其他人複製

有一位工作兩年的朋友向我抱怨，現在的工作做起來很沒勁，已經學不到東

西，只是走個流程而已，感覺自己正在虛度光陰。所以他盡量壓縮工作時間，用上班的時間做些自己喜歡的事，比如，看書學些課程，覺得學點東西總比什麼都不做，頹廢著好。

當我們工作了一年到兩年後，就會進入瓶頸期，因為對工作已經很熟悉了，該遇到的問題都遇到了，又沒有了剛剛接觸這份工作時的新鮮感和壓力，對工作就會有「不過如此，也就這樣了」的感覺。

當進入這種狀態，多數職場人士會開始追求工作和生活的平衡。心想工作既然沒有那麼大的壓力了，那就多花些時間做自己喜歡的事情，比如，追劇、旅行等，當然，也可能會報班學課，讓自己多一些技能。

這樣做無可厚非，但是站在職涯發展的角度，我們可能就錯過了真正提升自己、構建領導力的機會。

很多人不知道，職業能力有四個層次：執行、流程、標準、規模。

大多數職場人士的能力就是執行，按照主管的要求完成指定的任務。中層管理者則是在設計和管控流程，確保團隊拿出好的結果。高層管理者則是在制定標準，他們往往也是行業的領導者，明確制定各個流程需要做什麼。

而企業家和投資人，他們思考的是企業的規模與發展趨勢，是否有足夠大的市場、是否有可複製的模式、是否有長期的利潤。

當我們工作到一定年限，覺得眼前工作不過如此的時候，其實只是在執行上有了經驗和效率，這時，我們需要提升自己並思考流程和標準，像管理者一樣思考。

那麼，流程和標準是什麼？讓我們先做一個小小的實驗。公司替你安排了一名助理，你很滿意這名新助理，雖然他沒有相關的工作經驗，但是積極上進。

可是在他剛入職的第一天，你不得不出差，不能要他承擔你的日常工作，這個時候你會怎麼辦？

相信多數人不是請同事代勞，不然就讓他先做點最簡單的工作。如果是這樣，就說明我們對自己工作的流程以及標準，沒有什麼把握，沒有辦法把自己的能力完善的複製給別人。

中國金融服務的上市企業拉卡拉其創始人孫陶然，寫過號稱創業聖經的《創業三十六條軍規》，他說過，一個優秀的主管，必須有辦法讓八〇%的人在八〇%的情況下做到八十分以上。

那麼該如何做到呢？其實就是把自己工作的流程和方法論落於文字，變成清單和手冊，讓誰都能看明白，看了就能做到八十分。

曾經有一家公司請我去做管理顧問，他們遇到了一個很頭疼的問題，就是銷售團隊業績非常不穩定，組長花了很長時間培養新人，可是新人就是做不出什麼業績。我觀察了一段時間之後，發現了問題所在。

這家公司的問題在於，他們從來沒有認真思考過他們到底需要什麼樣的銷售員，沒有一套成熟的招聘、培訓、淘汰的制度和流程，導致他們花了很大的精力培養銷售員，但成效甚微。

我如何幫助他們？很簡單，就是製作清單和手冊。

首先，我和他們的高階主管討論他們到底需要什麼樣的銷售員。然後，從基本身分、工作動機、工作能力、人生觀四個角度分析。最後，我們確定了高潛力銷售員的雛型，共有十九條，其中最重要的五條是：

一、期待月薪一萬元以上。
二、有一定的親和力，會關心別人。
三、有一定的抗壓能力，能接受挫折。
四、認為工作和生活可以融合。
五、對銷售、教育、諮詢類工作感興趣。

討論清楚這幾條之後，他們的銷售主管說：「難怪之前的銷售員帶不好，好幾個人都是北京孩子，面試的時候他們就說自己對賺多少錢無所謂。」

我笑著說：「這就是對自己的工作思考不夠，缺乏基本的標準。」

討論清楚高潛力銷售員是什麼後，接下來討論如何在面試中，透過問題識別出這樣的人。

我們列出了三十多個面試問題，製作了面試提問清單來考察應試者，比如：

「你期待的薪資是多少呢？為什麼是這個數字呢？」

「你曾經幫助過誰？提供了什麼樣的幫助？」
「你覺得工作和生活是什麼關係呢？你過去是怎麼處理的？」
「工作中遇到低谷，你會怎麼調整自己？」

過去他們面試就是想到什麼就問什麼。現在的問題都是基於自己職位需要的人才進行有效的提問，這就是最實在的工作方法論。過去需要組長和主管親自面試，有了這些方法論，資深員工也可以去面試新人，這就是方法論的價值所在。

接下來，我幫助他們設計了新人入職前三天的培訓內容、新人前十五天的淘汰制度，並全部落於文字。我還特別分享了華為創始人任正非的話：先僵化、後優化、再固化。

執行不到一個月，他們招募的新人中，有超過三分之二的人業績趕上了資深銷售人員。再也不需要組長花大量時間安撫和激勵新人，團隊的業績自然也翻倍。

每一份工作必然都有自己的流程和方法，只是我們很少思考和累積，只能靠自己投入更多的時間才能做得更好。如果**我們沒辦法把自己的能力複製給別人，也就**

更加談不上有精力去指導甚至管理別人了。

我在我們個人發展學會的管理菁英進階班講完這些道理之後，我會指導學員依照自己的職位，製作專屬自己的工作清單和手冊。

有位學員茜茜，她是某知名線上教育機構的營運負責人，她花了兩週製作一個新人入職十週成長手冊。她把十週分為五個階段，我們可以看看第三階段。

第三階段：賦予新員工挑戰性的任務，並注意鼓勵，建立互信關係（入職第四至五週）。

一、跟新員工面談結構，記錄對方的長處、掌握的技能、需要補的短處，並回饋給對方，幫助對方做下一步的成長計畫。

二、安排一個初級課程給新員工，要求對方獨立完成，並且將授課的流程面對面順過一遍。

三、當新員工完成挑戰性任務，或者有進步的地方，及時給予表揚和鼓勵。

四、向公司管理階層、其他同事展示新員工的成績。

五、讓新員工參與一次月度管理會，讓對方知道公司的整體業務現狀。

六、鼓勵新員工總結至少一個關於教學服務、成本控制、學員在轉化的改進點和創意點。

茜茜做完這個新人成長手冊之後，在管理菁英進階班的學習群組裡分享她的體悟。自己雖然當了一年多的主管，但還是第一次這麼有系統、深入的思考自己的工作，這件事讓她明白了執行者的思維和領導者思維的不同之處。

回到前面那位工作兩年，向我抱怨已經學不到東西的朋友，我後來告訴他，你不是學不到東西了，而是你找不到學習的方向，如果我們能夠將思維從執行上升到流程和標準，並琢磨怎麼把自己的能力轉化成清單和手冊，琢磨怎麼把能力複製給身邊的同事，我們的能力就會有巨大進步。自然，我們就會成為團隊的領導者。

我們一起來思考一個有趣的問題：「站在組織管理的角度，你覺得三國時期的蜀漢丞相諸葛亮是一個優秀的主管嗎？」

別讓猴子跳回背上

人們印象中的諸葛亮，除了神機妙算、對漢室忠心耿耿之外，還有「鞠躬盡瘁，死而後已」的印象。你可能會覺得，像諸葛亮這樣能力又強又肯做事的高級幹部，當然是名優秀的管理者了。

但是站在組織管理的角度，諸葛亮並不是一個優秀的管理者。原因很簡單，諸葛亮身為丞相，很多事只有他親自做才能完成，沒有他，事情就辦不成。例如，他派遣馬謖去守街亭，馬謖卻守不住街亭，最後自己一死，蜀國就只能坐以待斃。

不少職場人士對領導者的職責有很多錯誤的認知，比如，要親力親為、要能力最強、要成為組織中不可替代的人。

相信很多人都會覺得這個說法很有道理，就是要成為公司裡那個不可替代的人才。當我們在工作中擁有不可替代的能力時，我們就不會被淘汰，更有了話語權，會受到同事和主管的重視。

這樣的想法對於員工來說是正確的，但是對於領導者來說，要追求的不是自己的不可替代性，而是組織的可延續性。不是這件事沒有我不行，而應該是這件事沒有我一樣行，這才是領導者的職責。

一些職場人士會獨自把持一些技術或者資源，建立自己的小團隊，仗著自己的不可替代性，和主管甚至老闆暗暗較勁。這樣做的結果可想而知，不僅會引來主管的猜忌和防範，還會把自己束縛在這個職位上，再難有所提升。

在《劉強東自述》一書中，介紹了中國購物網站京東的用人制度，叫做備份制度。京東規定，如果你是副總監以上的職位，你在同一個職位任職了兩年的時候，必須找一個繼任者，這個繼任者就相當於備份。

而且，這個繼任者必須是公司認可的。如果你在一個管理職位做了兩年，還沒找到公司認可的繼任者，公司就會請你走人。

京東為什麼會這麼做？這就是保持自己組織的可延續性，不會因為一個人長期把持一項業務，或者一個業務離不開一個人，而出現系統性風險。

也許你可能會說，這個制度不合理，我辛苦培養出來一個繼任者，公司不就可以隨便把我開除嗎？如果你這樣想就太不自信了，而且格局也有點小。

你能帶好一個部門，還能培養一出個合格的繼任者，那麼你的時間和精力就不會被原來的總監職位束縛，公司才能讓你承擔更大的責任，給你更高的職位。你這種能把業務做好，還能帶出人才的主管，公司怎麼會不重用你。

我曾經說過，糟糕的管理者總是雪中送炭，四處救火，顯得自己重要無比。而真正優秀的管理者，則是做錦上添花的事，深藏功與名。

如果一家公司的清潔阿姨被綁架了，兩天之後全公司就都知道了。如果ＣＥＯ被綁架了，綁匪不主動打電話來要贖金，誰都不會知道ＣＥＯ不見了。

這段話說明，那些誰都看得見的工作，其實沒有那麼重要。而真正的主管，解決的是更重要的問題，組織中更加重要的問題就是團隊的穩定性和持續性，這些常常是普通員工看不見的。

所以我們不應該追求自己的不可替代性，而應該學會為組織的延續性做貢獻。

具體怎麼做呢？首先，我們要按捺住一個念頭：他們都不行，還是自己來。

很多人在工作中需要和同事配合的時候，會覺得溝通起來太費勁，同事都不可靠。此時你就會想：「還是自己來吧。」甚至面對自己的部屬也是這樣，交代任務給部屬，看到結果的時候恨不得把資料撕碎，脫口而出：「算了，放著我來。」

凡事自己來，眼下看起來輕鬆和高效了，其實就是把什麼都往自己身上攬。著名的管理專家比爾安肯三世（William Oncken Ⅲ）在他的暢銷書《別讓猴子跳回你背上》中提出了一個有趣的理論，叫做猴子理論。

意思是我們把很多不該自己做的事情、不該承擔的責任，都往自己身上攬，這些事情就像一隻隻猴子。當我們讓太多猴子掛在自己的身上，讓自己麻煩纏身，就會不堪重負。

要想不讓猴子爬到自己身上來，首先就是要克服「他們都不行，還是我自己來」的衝動。要學會調動身邊的同事幫助我們做事，讓事情即使沒有我們一樣能做好，這才是真正的領導力。

前面我們講複製自己能力的方法，包括製作工作清單和手冊，這個方法主要是針對已經成熟的工作；但面對新的或臨時的任務時，我們該怎麼做到延續性呢？

其實也並不複雜，只需要思考這件事誰來做？這件事怎麼做？怎麼樣才能能越做越好？

分享一個我們管理菁英進階班學員的蛻變故事。他在一家大公司做區域經理，大主管出國遊學前，突然要他組織各個大區的業務能手每週做一次線上分享，調動大家的工作積極性。

一開始他理所當然認為自己應該去推動這件事，他計畫先讓各個區的經理上報自己區域的業務能手名單，然後他來排序，自己一一和這些業務能手溝通讓他們準備分享。

幸好他當時學習了我們的課程，否則又讓一堆猴子爬到了自己的身上。他開始思考，怎麼讓自己投入盡可能少的精力做好這件事。

他首先思考這件事讓誰來處理呢？誰最願意分享呢？他盤點了一下各個區域的經理，想到了幾位平時最積極也愛分享的經理還有業務主要負責人，於是就先從他們開始。

這件事要怎麼開始呢？分享一週一次，一次二十分鐘，這不管是對講的人還是聽的人都沒有太大的負擔。分享最好固定在每週三，一週的中間時段，大家不會太忙，聽完也能在工作中實踐。

如何讓這件事越做越好呢？首先，要讓這週分享的同事去指導下週分享的同事具體該怎麼做，這樣不僅效率高而且還可以持續。

能否引入外部監督機制？公司有微信官方帳號，可以找經營新媒體的同事，請他們每週把分享稿變成文章發出來。這樣新媒體部門的同事也會因參與而感到高興，分享的同事還能成為榜樣，沒聽到直播的同事還能看文章，簡直是三全其美。

最後執行的時候，這位學員只是在開始的時候和各個部門溝通一下，第一次分享的時候親自盯一下，後面這件事就能自行運轉了，他只需要偶爾鼓勵鼓勵，看看執行情況，每個月再請大主管出來鼓勵一下分享的業務能手就可以了，根本沒有浪費多少精力。

之後這個分享做得一直都非常成功，大主管因此對這位學員刮目相看，覺得他不僅執行力強，而且很會調動資源。大主管表揚他的時候，他笑著說，其實是同事們積極主動，主要業務負責人們都非常優秀，分享了很多，自己只是搭了一個舞臺而已。

這位學員明白了可替代性的道理，他沒有衝到一線，也沒有強調自己的功勞，而是位居幕後，真正的管理者就是這樣，他們會站在組織的角度，設計制度和流程，促使大家能更加輕鬆高效完成任務。我們要追求的不是自己的不可替代性，而是組織的穩定、持續、高效。

第 3 章

優秀工作者的三大特質

——凡事有交代、件件有著落、事事有回音。

有一次，我幫朋友做管理諮詢，提到了一個他們可以借鑑的方案，這位朋友聽完之後非常興奮，立刻對身邊的助理說：「這件事很重要，一定要好好推進，你安排小張去做吧。嗯……還是讓小王去做吧，感覺小王更可靠。」

等他安排好事情，我們聊得差不多了，我就問他，為什麼剛開始安排小張，之後又覺得小王更值得託付呢？朋友顯然沒有思考過這個問題。他說小王工作更積極，更有責任心，所以更可靠。

我反問他，更積極就更可靠嗎？他一時也回答不上來。

在關鍵時刻溝通，一句頂萬句

我曾經做過一個小測試：在我認識的一些朋友當中，讓他們對部屬的性質進行重要性排序，分別是努力、善良、責任心、可靠、情商。

他們經過一番思考之後，幾乎都把「可靠」排在第一位。我漸漸發現可靠，其實是對一個職場人士最高的評價。

可靠的人會讓同事信任，會受主管重用，這樣的人在職場上一定更有影響力，同事和主管也都願意配合他。

那麼，**什麼樣的職場人士是可靠的呢？**其實，積極主動、情商高這些並不是關鍵，**最關鍵的是做事情是否有結果**。

職場上有兩種人：一種是有結果的人；另一種是沒結果的人。有結果的人在工作中一定會給你一個明確的交代，幫你解決問題，讓你心安；沒有結果的人，很多事就不了了之，沒有下文，是那種讓你不放心的人。

前者你會很放心的把事情交給他，對於他的事情我們也會上心；後者總會讓你覺得不怎麼信賴，對他做的事情也不會寄予太大的希望。

有一次，我和同事一起去深圳開會，主辦方安排我做開場演講。我在候場的時候，一直覺得會場很熱，很多人都已經汗流浹背，坐立不安。可見，這樣的狀態下，觀眾的體驗肯定不會好。

於是，我找到會場工作人員，問他們現場為什麼這麼熱，能不能把溫度降低一些？過沒幾分鐘，工作人員告訴我，因為大廳的空調太少了。

我雖然不知道他是怎麼得出這個結論的，也許是問了其他的工作人員，也許是隨口應付我，但是，他顯然忘記了我期待的結果。我需要的是降低溫度，最終他給了我一個溫度高的解釋，同時向我暗示這件事他也沒辦法解決。這就是做事沒結果的人。

這樣的人在工作中我見過太多了，同事和主管交辦一件事，發現事情有點難度，或者有些工作不是自己的職責，於是就找個藉口不了了之了。

我找到當時在會場的同事，說溫度太高了，讓他去看看怎麼回事。同事立刻就去了，很快他回來告訴我，是因為門窗沒關好，空調也沒有調到最大功率，所以會場很熱，他已經請會務組去解決這個問題了。

我的這位同事就是工作中可靠的人，他做事就有結果。其實，我當時就在想，這麼專業的會場，不可能少安裝了空調，一定有其他的原因，也應該能解決，結果果然如我所料。

相信我們在工作和生活中都有這樣的體會：當我們遇到做事認真的人，我們也會認真對待他的事。如果我們自己成為一個值得信賴的人，那麼身邊的人也會更加積極配合我們，我們自然就在工作中更有影響力。

怎麼讓我們在工作中更加靠得住呢？很簡單，就是做到三點：凡事有交代、件件有著落、事事有回音。要做到這三點並不難，就是在工作中保持三個好習慣：

一、提前溝通

提前溝通，是確保一件事能順利完成的重要方法。你知道怎麼邀請業界大咖來參加你的活動嗎？一般情況下，很難請到大咖，但聰明的機構有個辦法，就是提前一年預約，通常大咖覺得這件事還很久，會先答應下來，到時候總會有時間的。

這些機構還會每隔幾個月提醒一次，於是大咖會越來越重視這件事，提前把別的事情安排好，以便參加活動。只要明白了這一點，我們就能對同事和主管施加影響力，讓他們配合我們的工作。

提前溝通，給予對方的緩衝時間越長，提醒對方的次數越多，對方就越會重視這件事。

很多人找人配合工作總是不順，事情推進起來費心費力，是因為總是事到臨頭才溝通，把麻煩丟給對方，可是對方也有自己的事要做，自然不太願意幫忙了。

我們卻反過來覺得同事不體諒我們，導致人際關係越來越緊張。所以，要讓自己做事靠得住，提前溝通、多次溝通是非常好的習慣。

二、及時回饋

工作中我們回饋別人的速度，就是我們值得信賴的程度。可靠的人一定會及時回饋，哪怕問題暫時解決不了，也會給出答覆和接下來的安排。而不可靠的人則是能拖就拖，最後滿心不情願的面對，結果還丟三落四。

我們研修班有一位學員就犯過這種錯誤，她是一名客戶經理，客戶公司的主管對她們的產品有一些不滿，按照規定，她應該主動和對方主管溝通，詢問具體問題，並盡快解決。

但是她內心有些害怕，不知道怎麼溝通，恰好那一週事情多，她耽誤了一週才去溝通。沒想到對方公司的主管出國休假，而且一去就是半個月。結果半個月過去，再去找對方公司主管談這件事就很尷尬了，對方主管肯定不會忘記這件事，但是也沒有心思再去談了。這件事影響客戶公司主管對她的印象，會覺得她工作不夠積極，不重視他。

很多人在工作中怕麻煩，覺得越早溝通事情越多，所以內心總是不願意面對，想著先做別的事情，有意無意的耽誤這些事情。但事實上，工作中越怕麻煩，麻煩就更多；不怕麻煩的解決問題，麻煩才會消失。所以，及時回饋非常重要。

三、做事一定要有始有終

可靠的人一定會把一件事畫上句號；不可靠的人總想把事情畫上省略號，最終不了了之。

我們常常請別人幫忙，卻在別人幫完忙之後，我們就忘記那些參與的人了。漸漸的，別人對我們的事情沒了參與感，以後就不會對我們的事情上心了。

想做到有始有終，試著學會這樣說話：「小董，我們的企劃結束啦，雖然沒有達到預期的效果，但是積累了很多的經驗，感謝你的付出，你的認真負責讓我印象深刻，接下來我們一起再接再厲。」、「王哥，我們的企劃通過了，感謝你提供的資料，你最可靠了！」、「張老師，這次合作我收穫很多，感謝您的包容，從您身上學到很多，尤其是對學員的關心和體貼，希望有幸下次繼續和您合作。」

工作中能有這樣的習慣，誰會不喜歡你？誰會不重視你提出的建議和請求呢？這就是可靠帶來的影響力。

永遠比說到的多走一步

我有一個學生，保送中國清華大學研究所，有次她特地邀請我去清華大學逛逛，在此之前我還真沒去過清華大學。我們走到了清華的一個大禮堂，在南端的草坪邊有一個日晷，日晷上面寫著：行勝於言。

我笑著對這位學生說：「妳能保送到清華，就是做到了這四個字。」

這位學生大一時就上過我的課，她讀的大學雖然很不錯，但和清華還是有些差距。然而，她從大一開始，幾乎每門課都是第一。除了成績優異，大一時還率領同學們參加校排球賽，並得了第一；大二參加機器人大賽得了第一；大三參加清華大學的網路與電腦夏令營，表現優秀，最終免試保送清華，是這個科系的第一名。

我比較了解她的大學四年，她之所以能取得這樣的成績，絕對不是一個人默默努力的結果，每一次的機會和挑戰，她都得到了同學和老師們的支援與鼓勵。

記得大一的時候，她向我訴苦，說自己一點都不想參加校排球賽，她覺得每天訓練會耽誤自己學習，但是同學和老師都知道她的體能很不錯，希望她能作為主力參加。當時，我告訴她，大學需要的不僅是好成績，還要有在同學和老師中的影響力，這樣才能幫助自己獲得更多的機會。

最終，她努力克服困難，取得了比賽的第一名，這是她們學院十年來第一次奪冠。後來，就因為她在這次比賽中的出色表現，同學和老師對她更加信任，也才有了最終保送清華的機會。

有這麼一句話：「你有你的邏輯，世界另有邏輯。」我們的邏輯是做自己喜歡的、擅長的、認為重要的事情，我們總以為只要做好這些事情，別人就會認可我們，我們就會更成功。

然而這個**世界的邏輯是，你能夠為大家創造更大的價值，大家就會給你更多的**

機會。在工作中，需要的是你能為大家交出超預期的好結果。

我說她行勝於言，原因就在於她總能克服困難，最終讓所有人都滿意，這是非常難能可貴的。其實，行勝於言，就是做出超預期的結果。

無論是不是自己選擇的事情，只要做了，就要做到超出別人的預期，給別人驚喜，讓別人看到我們的實力。最終獲得他人的信賴，收穫更大的影響力，擁有更多的機會。

可惜很多人不明白這個道理，總會有各種理由不去做好眼前的事情，比如，這件事自己不喜歡、和自己無關、自己本來就不想處理、是別人要我們做的或者有各種困難，覺得特別麻煩。總之，讓我們有藉口為交出不理想的結果做解釋。

個人發展學會的創始人劉傑輝，同時也是圖書品牌「黑天鵝」的創始人，出版過《自控力》、《黑天鵝》等超級暢銷書，是出版界的大咖。

他曾經說過：「一個合格的策畫者，不是把一個已經名氣很大的作者包裝、策畫出來，而是把一個沒有什麼名氣的作者，經過巧妙策畫，最終把一本原本可能只賣兩萬冊的書，變成賣到十萬冊的暢銷書。」

策畫者要抓住每一次機會證明自己的價值，這樣才能獲得同行的認可和作者的青睞。長期下來，才有可能出現天時地利人和的機會，創造出超級暢銷書。

我們在工作中也是這樣，不能只埋頭苦幹，或者等待讓自己一鳴驚人的機會降臨，正確的做法是抓住每一次機會，持續讓工作成果超出預期，向身邊的同事、主管、合作夥伴釋放自己能夠為大家帶來更多價值的信號，逐漸為自己創造出更多的機會。

那要如何做到呢？這裡有兩個重要的方法，如下：

第一，超出對方的預期完成任務；第二，超出自己上一次的表現完成任務。

首先，超出對方的預期完成工作。我們做任何一件事情都是帶著一定的預期的，比如，我們打算去某一家餐館吃飯，你在某款 App 上看到這家店的介紹，覺得還不錯，於是形成一個基本的預期值。若餐館滿足了你的預期值，頂多算是合格。這時，你不會有額外的感受。

但如果某一道菜的味道遠遠超出你的預期；飯館裝修獨特，服務很貼心；額外附贈一個果盤，水果配得用心，這就會形成超預期的用餐感受。

如果是這樣，這家餐廳在我們心中就有了口碑，我們會願意再次光顧，甚至推薦朋友去，這就是超出預期帶來的影響力。

我們在經營自己的影響力時，就像經營一家餐廳。身邊的同事和主管交代我們一項工作，就是在體驗我們的「服務」。如果我們的態度差，交出的結果也不好，他們雖然嘴上不說，但心裡會降低對我們的預期，就不會將重要的工作、更好的機會給我們，我們的影響力自然越來越小，機會也越來越少。

超出別人的預期並不容易，但我們可以轉變一下思路，想成超出自己上一次的表現結果。畢竟我們能力有限，需要完成的任務也確實比較難，但是沒關係，只要我們的表現比上一次好就行。

有一次，我去中廣核集團（大亞灣核電站的母公司）參觀，看到牆上貼著這樣一句話：「一次性把事做對。」這讓我有點意外，但更多的是震撼。

一個需要保證絕對安全的核電站，確實要一次性把事做對。核電站一旦出錯，就會有災難性的後果，所以他們對工作結果的容忍度是零，絕對不能有絲毫差錯。

不過，幸好我們在自己的工作中不需要面對如此可怕的後果，我們對工作中的不足和失誤的容忍度不低，只要滿足基本的要求，其實都是可以的。所以我們就先做好這一次的工作，然後下次再做得更好。

比如，更早完成、提前上交、品質更高、企劃更多、更完善等，這些都是比之前更好，都是超出預期。

這裡我想提倡一種超出預期的敏捷工作法，是讓我們高效努力、持續優化的方法，那就是一次比一次更好。

例如，一家餐廳一次性的把客人點的十道菜，全部料理完才一起上菜。這樣會出現的問題是，客人要餓著肚子等半天，而且，萬一太鹹或者太辣，沒有任何調整的餘地。而「敏捷」餐廳的做法是，先上一道菜，給客人墊墊肚子，然後問客人的回饋，再一道一道菜慢慢上完。

具體來說，敏捷工作法包括最低可交出值和反覆運算這兩個要點。當你面對一項任務時，最低可交出值就是第一道菜。透過回饋，再反覆運算，也就是不斷把後面的菜陸續炒出來，然後不斷超出對方的預期，最終讓對方看到我們的成長和誠意，這就是超出預期。

想成為具備影響力的領導者，我們需要做的，就是超出預期交出自己的工作，做到行勝於言。

學會累積你的信任額度

我想問你兩個問題：第一，當你遇到人生中一些艱難而且重大的選擇時，比如，買房、投資等，你會向誰諮詢意見呢？第二，如果你打算辭職創業，你需要從同事中選擇一些人一起幹，那麼你會選擇誰？

認真想想，你會發現，你諮詢人生重大問題的人，可能不是你的父母、伴侶、閨密。你希望一起創業的人，可能也不是平時和你走得最近的同事。那麼，你會選擇哪些人？相信你會選擇那些不僅可信，並且真的能夠給你提供有效幫助的人。

這裡有一個有趣的現象，那些親密的家人和朋友，我們會相信他們，但是我們不會任用他們。反而是一些關係並不親密的人，我們不僅願意相信他們，還會讓他們和自己一起合作，解決一些難題。

小時候看成龍的電影《警察故事》，裡面有一幕讓我印象深刻。成龍飾演的陳家駒被壞人陷害，他在警局拿槍挾持上級要逃走，這時候他的同事們說：「家駒，你要相信我們。」陳家駒說：「我相信你們每一個人，但是我不能靠你們。」

真正的信任，就是相信並且任用，願意和你一起解決問題。不僅如此，信任也有不同額度，值得你信任的人可能不止一個，你還會將他們排序，然後優先選擇和更值得信任的人協力合作。

這裡我想說，信任其實是一種特殊的資產，它意味著人們願意承擔一定的風險與你合作。而且每個人在別人眼裡的信任額度不一樣。

我們職業菁英研修班有一位學員曾經問我，他和另一位同事一起入職，工作內容也是一樣的，有一次他們業務比較忙，他和另一位同事都不小心把發給客戶的資料弄錯了，結果客戶在群組投訴，主管出面才解決了問題。

但奇怪的是，主管並沒有批評另一位同事所犯下的錯誤，在群組裡幫忙調節，還誇這位同事做事靠得住，只是一時沒注意。而我們這位學員發錯資料的時候，主管不僅在群組裡批評了他，還被當成公司的反面範例，要讓同事們以後注意類似事件，這位學員覺得很委屈。

相信你也會遇到類似的事情，為什麼犯了同樣的錯誤，原諒他卻不原諒我呢？這是不是不公平？之所以會這樣，是因為每個人信任帳戶中的額度是不一樣的，這個額度最終決定了別人給我們的耐心、重視程度、機會都是不一樣的。我們要做的，就是提升自己在別人眼中的信任額度。

什麼決定著我們的信任額度呢？我們可以從經濟學的角度解決這個問題，經濟學中有一個概念叫做沉沒成本，指的是我們為了做某件事已經付出、無法收回的成本支出。

假如你想開一間餐館，你如何證明自己是真心實意開一間餐館，而不是只做一個小買賣、賺筆小錢呢？最好的方法不是把你的飯菜做得多好吃，因為你今天做得好吃，明天就可能偷工減料。

最好的方法就是我們能付出一些不必要的代價，取信於人，讓別人覺得你是認真的，而且有決心做好，不會輕易放棄。

為什麼五星級飯店的大廳都特別氣派？為什麼很多產品要花大錢請明星代言？他們就是先投入巨大的沉沒成本來獲得大眾的信任，表明這些錢我都肯花，我還會偷工減料嗎？

明白了這些道理，那麼**我們怎樣在工作或者生活中取信於人呢？簡單來說，就是付出看起來多餘的努力，以此來獲得別人的信任。**

講一個真實的案例。一個在地級市銀行（按：中國的第二級行政區劃，因層級上與地區相同而稱為地級市，屬於地級行政區的一種）工作的年輕人，他每天工作的內容是賣銀行的理財產品。

正常情況下，他的工作就該像保險公司的推銷員一樣挨家挨戶的登門拜訪。然而，這一套基本已經得不到用戶的信任了。

他是怎麼做的呢？他先思考自己的目標客戶是誰？大叔大媽。客戶最集中的時間和地方在哪裡？傍晚在廣場上跳舞。那難道去跳廣場舞的地方擺個攤嗎？這跟挨家挨戶的敲門拜訪沒什麼區別，沒有信任可言。

於是他想到了一個辦法。他帶著數位相機，以攝影愛好者的身分替大叔大媽們拍照，而且拍得特別認真。

廣場舞在大叔大媽們心裡是最重要的事，突然冒出一個年輕人來記錄這個美妙的時刻，他們當然高興，而且一定會向他要照片，照片怎麼傳呢？那就要加微信了，於是，他一下子就成了客戶朋友圈裡的好友了。

後來，他還為大叔大媽建群組，傳拍好的照片給他們，這樣一來二去，大家由生到熟，這時再聊聊自己的工作，亮明身分，說攝影是副業，銀行是主業，自己就是賣理財產品的。

然後，大叔大媽就會問好賣嗎？有什麼理財產品？不管說什麼，因為有了前面打下的信任感，老人聽來都是入耳入心，成功率就會大大提高。

這名年輕人去拍照，其實就是在付出不小的沉沒成本，看起來似乎無效的努力，但恰恰在客戶心中建立起了信任感，最終讓自己收穫了亮眼的業績。

我們也可以試著付出一些看似多餘的努力，比如，可以花錢報名課程提升自己、多花時間加班工作、多花時間和主管溝通……。

只要身邊的同事和主管看到我們投入的越多，越能證明我們的態度和決心，就越容易獲得他們的信任。

《妙法蓮華經》裡有一句話叫「功不唐捐」，意思是功業是不會白白被浪費掉的，它會用一種我們無法預計的方式返回到我們身上。

你要相信，自己付出的努力都不會白費，都能幫助我們充值信任額度，獲得影響力。

走出舞臺思維，在重複中建立信任

我曾經在一部小說裡看到一個有趣的情節：一個年輕人剛到某個事業單位工作，就面臨要不要替辦公室裡所有的前輩裝水的選擇。那個年代不像現在的辦公室都有飲水機，開水需要拎著水瓶去開水房裝回來。

該名年輕人是單位裡的第一個大學生，自詡為天之驕子，不甘心做這些雜活，於是問自己的長輩，自己該怎麼辦。長輩是這麼回答的：「如果你覺得自己可以一直裝開水，那從第一天就開始盛裝，長年累月，大家會對你有一個好的印象，同事也多多少少會照顧你；但是如果你打了幾天以後就厭倦了，開始抱怨，那就一天也不要裝，要不然過段時間不光你會痛苦，別人也會覺得你這個人很差勁，不僅虛偽，而且做事敷衍。

「你也可以一開始就不盛裝開水，那麼你就成了打破辦公室潛規則、不守規矩的新人，大家會對你更挑剔，想看看你有什麼本事，你就需要用突出的工作能力來證明自己，這樣大家才會接納你。但是，如果你沒有這個本事，大家會覺得你心高氣傲，你就會遭到同事的排擠。」

長輩的回答其實富有哲理，**要想獲得大家的認可，要麼靠自己一如既往的好態度獲得大家的信任，要麼靠始終如一的高水準得到大家的賞識。總之，就是要能持續做好一件事，獲得大家的認可。**

持續做好一件事，就是重複做一件事並且一直做下去，這是證明自己最好的方式。可惜我們很多人都忽略了「重複」對我們構建影響力、獲得同事與主管信任的意義。

我們低估了重複的力量，世界上只有重複的東西才是永恆的，那些不能重複的往往都是短暫的。太陽每天東升西落，一年四季循環輪替。所有的生物其實都在做一件事情，就是不斷分裂和自我複製，所以生命能夠長存至今，重複才是生命的主旋律。

重複也是構建影響力的本質，重複做一件事情，能夠產生巨大的力量，這種力量遠遠超出我們的想像。

就拿藝術瑰寶敦煌莫高窟來說，在一千六百年的時間裡，人們陸續在敦煌建造出了七百三十五個洞窟，壁畫面積達到四．五萬平方公尺。

很多人不喜歡重複一件事，覺得一件事做久了沒意思，想著要創新、要突破，要做出一件轟轟烈烈的大事來證明自己。

之所以這樣想，其根本原因是我們對人際關係的思維模式出了問題。很多人的思維模式是舞臺思維，覺得自己彷彿站在舞臺上，身邊的人都是看我們表演的觀眾，自己的一言一行被大家關注。為了證明自己，我們必須在舞臺上表演，做出新動作、大動作才能吸引大家的目光，才不會被大家厭煩和拋棄。

但是，事實根本不是這樣，這是一種以自我為中心的錯覺。我們反思一下自己，你會一直關注別人的生活嗎？根本不會。你記得上個月哪位同事業績第一嗎？你記得上次開會主管批評了誰？除了當事人自己記得，我們根本不會放在心上。

在人際關係上，正確的思維模式是路牌思維。每個人都在自己的生活中忙碌，大家都是川流不息的生命之河上的過客，**我們需要做的就是像一個路牌一樣，一直站在那裡，提供給大家清晰、穩定的資訊，這樣大家才會記住我們，信任我們。**

舉個常見的例子，你去樓下超市買東西，你會發現超市裡賣的東西非常固定，有的一直有，沒有的一直沒有，為什麼？這樣的超市就是以路牌思維在經營，經營者為客戶提供確定性的服務。

你想想，如果一家超市，前天你去是開門的，今天你去關了門，明天你就會嘀咕是去還是不去，去了發現還是關門，你很可能就再也不會去了，因為它不能給你確定性的服務。

反觀身邊的朋友也是這樣。你會發現，那些經常換工作，過段時間又在做新專案的朋友，你總會覺得不值得信賴。反而那些一直堅持做著某些事情的人，給我們的感覺往往更可靠。

重複能帶來兩大意義：一是重複才能精進，二是重複才能被信任。

我讀大學時，體育課選修自己感興趣的課程，我幾乎每學期都選修乒乓球，每次去上課我們這些同學都是約著打比賽，比賽的時候變各種花樣、秀球技。但是球場旁邊的體育生，他們都是乒乓球省級運動員，他們整個下午都在練習同一個動作，我們看得目瞪口呆，這就是業餘和專業的區別。

專業運動員就是不停的重複，一個動作練上一年半載都是正常的。這就是成長的奧祕，**只有在一個點上，不斷重複，才能形成自己的條件反射，才能變成自己的優勢，最終脫穎而出。**

愛迪生（Thomas Edison）說過：「天才總是在重複中尋找靈感。」當我們能在重複中找到樂趣，我們就比別人高出一個境界。

從影響力上來說，重複才能讓我們真正被大家信任。傳播學上有所謂的七次法則，指的是人們從接受新事物，到形成認知、選擇信任，需要七次接觸。

就算接觸一次的印象再深刻，但如果次數不夠，你也很難讓對方信任你。也就是說，影響別人這件事，不是一見如故，而是日久生情。不是每次都變花樣，而是始終如一。

我們也可以一以貫之的重複構建自己的影響力，學會堅持一個理念或是堅持一種行為模式。

馬雲就是一直堅持「讓天下沒有難做的生意」這個理念。我身邊很多人都有自己的理念，比如，拍出好的電影、做出好的音樂。有一個簡單理念的人，都是行動力很強的人，也是容易獲得大家信賴的人。

當然，這樣的理念是因人而異的。除了理念，我們還可以堅持一種行為模式，把一件事反覆做下去。比如，中國電視節目《羅輯思維》的創始人羅振宇，每天早上堅持發六十秒的語音，已經持續了七年；他還要做持續二十年的跨年演講，已經做了三年。

一件事埋頭一直做，並堅持下來，你就有讓人讚嘆的力量。

職場人士也是，堅持寫日記、每天列待辦事項、每天運動半小時……**一件簡單的事情像吃飯睡覺一樣重複做、一直做，不僅能修煉我們的心性，讓我們更加穩重，還能讓我們樹立可靠的形象。**

我自己就有很多事情持續了好幾年，比如，寫晨間日記七年多；日程表用了四年多；睡前運動兩年多；更不用說讀書學習了，那更是沒有間斷過。這些習慣為我的工作效率以及健康都帶來了極大的幫助。

一件事持之以恆的反覆做，是一般人把事情做好的最好辦法。想一想，如果你每個月收集同行業的最新資訊，每個月採訪相同職位的一名前輩，把這些變成文字積累下來，不出三年，你絕對是公司數一數二的高手，升職加薪不在話下。

絕大多數人的稟賦都是差不多的，天才只有極少數。多數人只需要專注做一件事，那麼時間就是你與他人有差距的放大器。

積累關係貨幣，放大自己的聲音

我曾在ＴＥＤ演講上，看到摩根士丹利（Morgan Stanley）副總裁卡拉・哈里斯（Carla Harris）分享他的經歷和思考方式，相信這對我們每一個人會很有啟發。

一九八八年，哈里斯第一次參加華爾街頂級投行的年終會議，會議上華爾街的大佬會挑選一批新人成為合夥人。她觀察了每一位候選合夥人被大佬們點評議論的過程，當時哈里斯腦海裡冒出了一個問題：「如果我也是候選人之一，誰會在這樣的會議上為我說話呢？」

哈里斯說，企業組織任人唯賢的想法只是美好的想像。任何評估過程，只要摻雜了人為因素，就很難做到百分百的客觀，大佬們一定會有自己的偏好。因此，你必須保證，有人能在高層會議裡為你辯護、支持和肯定你。

哈里斯還進一步提出，在職場上存在績效貨幣和關係貨幣。績效貨幣指的是你要有好的業績證明自己；**關係貨幣指的是你要有厲害的人來為你站臺。**

也就是說，我們不僅要自己靠得住，還要有可靠的人肯站出來說我們值得信賴。這樣我們才能獲得更多的機會，具備更大的影響力。

我們很多人都忽略了這一點，認為只要我自己真的厲害就好，何必在乎別人的評價呢？我們自己就可以證明自己。這樣以自己能吃苦為榮的想法，是我堅決反對的。正確的想法是調動一切可以調動的資源，讓自己更輕鬆、更快速、更有效的達成目標，用結果來證明自己。

這裡分享一個精彩的故事，故事的主角是個人發展學會一位專家合夥人，這個故事不僅能告訴我們可靠的人為我們撐腰的意義，還能告訴我們怎樣找到這樣的人讓他們幫助我們。

這位專家合夥人孤身一人去英國讀碩士，在英國完全是零背景、零經驗，沒有任何人脈。

到了英國後，為了掙夠學費，她需要盡快在學校找一份行政助理的工作。她跑遍了校園裡所有辦公室，投了不少簡歷，獲得四次面試機會，可最終都沒被錄取。面試失敗的原因，不是出在她的英語水準或溝通能力上，而是在這個國家裡，她沒有任何人際關係來協助她找到以後的助理工作。

怎麼辦呢？人在無路可走的時候，總是會想出一些非同尋常的辦法。第二天就是學校的迎新活動，校長會出席，她決定爭取獲得校長的幫助。

校長出現了，只見他滿頭銀髮、面容慈祥。她找到機會，鼓足勇氣上去介紹了自己。她先表達了能被這所大學錄取的感激之情。接著，她還分享了自己在幾所學校中選擇這所大學的原因，是因為一直嚮往這裡的多元文化和對中國學生的友好。

歷經一番愉快的溝通後，她接著說：「像我這樣的中國研究生，大多來自普通家庭，我們有足夠的衝勁，熱切想為母校做出貢獻。如果我們在剛到校園的時候，這裡的各種機會能對我們更友好、更開放一些，讓我們排除障礙，更有效率的投入到學術研究中，那母校『兼容並蓄』的美名一定會傳播得更遠。」

這時，校長有些吃驚，接著就問她有什麼苦惱。然後，校長親自把她帶到辦公室主任面前。校長說：「你那裡有空缺的職位嗎？這是Lily，你們倆可以聊聊。」有了校長的背書，主任後來欣然錄取了她，困擾她近一個多月的難題就這樣輕易解決了。

這個故事說明，很多時候並不是我們的能力不行，而是沒有人能夠站出來證明我們的能力可以勝任這份工作。因為沒有刻意累積關係貨幣，就會讓我們錯失太多的機會。

而積極主動找到靠得住的人，向他們展示自己，證明自己，獲得他們的信任背書，是非常重要也是很有必要的。

這故事還暗含了三個可幫助我們找到可靠的人，並令其為我們背書的方法：

一、創造價值，而不是抱怨問題

抱怨是無能者的貪婪。當我們帶著滿心的委屈和憤懣，想控訴自己遭遇的不公平對待時，這個時候我們就是以弱者的姿態，給別人帶來壓力和厭惡感。此時我們更容易給別人添麻煩，大概不會得到他人的幫助，得到的也只是憐憫而已。

這位專家合夥人在這一點上就做得很對，她沒有抱怨自己遇到的不公平待遇，更沒有向校長控訴自己遇到的種族歧視，反而向校長展示了自己的善意和高價值。

她提到自己在眾多學校中選擇了這所學校，就是在暗示自己其實是很優秀的學生；她說自己是希望為母校的學術發展做出貢獻，也是在努力為學校創造更大的價值；她還提到將母校兼容並蓄的美名傳播得更遠，更是在解決問題而不是抱怨。

當我們希望別人幫助我們的時候，我們要做的不是抱怨問題，而是要試著去解決問題，試著努力貢獻自己的價值，你才會獲得對方的認可和支持。

二、把我們的小目標放到一個宏大的意義中

大咖們關注的問題，一定比我們關注的更高，我們關注的是眼前的具體困境，

而這些困境在大咖眼裡其實只是我們自己的小事。所以，我們可以嘗試把自己的小事變成大咖會關心的大事。

校園的文化多元性、學校的學術研究水準、美譽度等，這些都是校長關心的，這位專家合夥人就是從這些角度去和校長溝通，從而獲得了校長的關注和支持。

這個方法說得接地氣一點，就是將你的努力和某個更宏大的目標相連接，並且這個目標在社會價值觀上是可取的、令人矚目的。

三、創造長期交往的機會

德國社會學家尼克拉斯．魯曼（Niklas Luhmann）對信任有一個經典的說法：「信任源於重逢，沒有重逢的地方就沒有信任。」

例如，我們對火車站附近和旅遊景點的伙食期待最好不要太高，因為他們並沒有考慮用優良的服務吸引回頭客。

當我們再見面、再合作的時候，自然就會考慮長期的交往價值，就會更重視眼前的事情。這位專家合夥人暗示，自己願意為學校的學術以及學校的美譽度做出貢獻，其實就是展示自己對學校的長期價值。

我們希望證明自己，但是忘記了自己需要證明的對象不是抽象的一群人，而是那些掌握話語權、能夠為我們背書的一個個具體的人，他們可能是我們的主管、優秀的同事、行業的前輩……試著讓這些人說我們靠得住，我們就會變得更加可靠，擁有更多機會。

第4章

正確的與同事共用資源

——知道如何麻煩別人，
也讓別人想麻煩你。

相信我們都能明白一個道理——當一支蠟燭點亮另一支蠟燭的時候，這支蠟燭不但毫無損失，反而能照亮整個房間。職場上也是這樣，如果同事之間能夠相互扶持、彼此幫助，我們的工作氣氛一定會更加愉快和高效。

但是現實中，我們似乎很少這樣做，就像當我們在大街上跌倒了，很多人站起來的第一句話就是「我沒事」，還要表現出一副若無其事的樣子。其實，這個時候讓身邊的朋友扶自己一把，反而能拉近彼此之間的距離。

好關係是麻煩出來的

優秀的人與普通人的區別，在於優秀的人往往善於表達自己的困惑和難處，巧妙的向身邊的人求助，且在化解自己困境的同時，還能讓對方感到被需要、被重視、有價值。

然而，很多人在工作上，並沒有把同事當作自己的資源，不敢求助對方，最終導致同事關係疏遠，難以調動身邊的同事，只能自己埋頭苦幹，費力不討好。

美國著名音樂人阿曼達・帕爾默（Amanda Palmer）曾經為自己的新專輯眾籌了一百二十萬美元。她也因此登上TED演講，演講的題目是「請求的力量」（*The art of asking*），這個演講是二〇一三年十大點擊率最高的TED演講之一。她還寫了一部同名暢銷書，書中她總結了我們不願意求人的三個原因：一是不好意思，難為情，如果被拒絕了，會很尷尬；二是不想向人示弱，有人會覺得開口求助，就等於承認了自己的失敗；三是覺得自己不配得到幫助、受之有愧，所以很難開口。

之所以出現這些原因，是求助認知出現問題。假設讓你去馬路上向陌生人要五十元，你能做到嗎？相信很多人都不願意去做。但是，如果讓你把五十元送給陌生人，你能做到嗎？相信誰都能輕易做到。

我們不願意求助，就是因為我們把求助和索取畫上了等號，認為求助就是伸手找別人要東西，如果是這樣的話，我們必然不願意去求助。即使厚著臉皮去求助了，別人也會感受到被索取，自然不會熱心幫助我們。

但是事實上，求助本質上是一種交換行為，不僅如此，它還是一種隱蔽的、意義巨大的交換。**求助並不是索取，而是要讓被求助者看到我們的價值，不僅讓他們透過幫助我們展現他們自己的價值，還能看到未來我們能為彼此創造更大的價值。**當我們這樣想並且這樣做的時候，我們就會發自內心求助，才能求助成功。

如何讓被求助者看到我們的價值，感受到我們是發自內心求助呢？

首先，在保持體面的基礎上做到謙卑有禮。求助者首先要保持體面，做到不卑不亢，保持謙卑有禮，以平等的姿態溝通，試著喚起對方的理解和善意。

其次，喚起別人的同理心。很多人求助時總想喚起別人的同情心，但其實這樣做收效甚微，我們需要喚起的是別人的同理心。

同情心和同理心是兩回事。麻省理工學院管理學教授黃亞生，在英國《金融時報》（*Financial Times*）唯一的非英語網站——FT中文網發表過一篇文章，分析了同情心和同理心兩者的區別。總結起來，同情心是自上而下，對弱者的不幸產生的憐憫，是一種不平等的視角。而且同情心不一定帶來友善的行動，往往會給對方帶來壓力。

同理心則是一種更加平等的換位思考，去感受別人的感受。同理心更容易引發對方的善意，讓對方採取行動。所以，要想獲得別人的幫助，我們沒必要刻意放低姿態，而要證明自己是可以和對方平等對話的朋友。

最後，告而不求，既不放低姿態，也不給對方壓力。就像《紅樓夢》裡的劉姥姥，她就是「告之而不請求」的高手。

劉姥姥到了榮國府裡，是這樣說的：「兩邊本是親戚，自從自家家道中落，沒有好時機相互走動，剛好今年呢，因為莊稼收成不好，有了空閒的時間，專程過來見老太太。」

劉姥姥這樣表達，沒有放低自己的姿態，不僅攀了交情，還說明了自己的困難，對方也能理解。最終，劉姥姥受到榮國府女眷的喜愛，滿載而歸。

我們求助他人的時候，試著說明自己的現狀和期待，往往能收穫更好的結果。比如，可以這樣說：「我最近在忙著寫公司新專案的企劃，收穫良多，但是挑戰還是滿大的，正想請教一些有經驗的前輩。」這樣說，就算對方當時沒有能力幫助你，也會推薦值得信賴的人，為你提供有價值的線索。

明白了求助需要保持平等的姿態，可以告而不求之外，關於求助的意義還有很重要的一點，那就是**好關係是麻煩出來的**，當兩個人無話可說，也不知道怎麼再開口的時候，關係也就走到了終點。

反而平時來往多，總找彼此幫忙的朋友，關係一直不錯。所以，有一個說法是**破壞一段關係最好的方式不是麻煩別人，而是老死不相往來。**

我有一個大學同學，她每隔一段時間都會請教我一些簡單的小問題，比如，要我推薦一些書、問問我對一些事情的看法。她就是個情商高的人，她用這種方式和我保持了良好的關係。

每次她來北京的時候，我只要有時間就會和她見面。但是那些長期不來往的同學，突然來北京就約我，我基本上是不會去的，這就是因為平時來往太少，缺乏熟悉感，少了情感的聯繫，自然也就沒有了來往的動力。

我其實是一個比較內向的人，但除了努力工作之外，我還會主動和自己的主管、同事偶爾週末約出去吃飯聚餐，或者一起去騎腳踏車聊聊天，分享一些工作之外的觀點和感受，請教一些問題。

久而久之，我們的關係也變得越來越緊密，平時工作交接也更加順利。也許這在你眼裡是麻煩，在同事眼裡卻是熱情，而這樣的熱情是朋友之間必不可少的。

同事是每天工作中打交道最多的人，我們都期待同事之間友善和睦，高效協作，那麼最好的方法就是透過求助積極影響對方。

比馬龍效應：你從別人那裡期望什麼，就會得到什麼

有一次我受邀參加一個活動，中場休息時，老師組織大家做一個小互動，讓彼此陌生的學員們兩兩結對，面對面說出自己觀察到對方的三個優點。

說實話，這樣的互動我做過好幾次了，可以說是駕輕就熟。互動之後老師請學員們分享，發現別人優點以及被別人發現優點的感受，沒想到現場有一個女孩子站起來非常激動的說，從來沒有一個人當面說過她的優點，甚至哭了起來。

個人發展學會的職業菁英研修班，有一位學員問了他的職業輔導師一個問題：她在縣城一家公立醫院上班，覺得自己的同事們都不怎麼可靠，有的人說話直來直去的、有的人做事情太粗心，會漏掉工作中的一些基本動作。

總之，他們很少能把事情做到完美，和這樣的同事們共事，她每天心情都很糟糕，覺得壓力很大，不知道該怎麼辦。

職業輔導師和她聊了聊，讓她意識到，醫院的工作壓力本來就大，流程也比較複雜和瑣碎，確實有同事工作粗心的問題，但更大的問題是她對同事們要求太高，總是盯著同事們的錯誤，總覺得同事們都不行。

這兩件事讓我很有感慨，我們在工作和生活中，確實很少去發現別人的優點，總是習慣於盯著別人的不足和缺陷，為什麼會這樣呢？

墨爾本大學的積極心理學教授莉．沃特斯（Lea Waters）在二〇一七年出版了《優勢教養，開啟孩子的正向力量》（*The Strength Switch*）一書，這本書研究的是如何透過強化優點的方法，來幫助讀者們成長。

沃特斯的研究告訴我們，為什麼人們總是會放大別人的缺點，抑制不住批評他人的衝動？原因就在於人類大腦的負面偏好。負面偏好是存在於人類社會中一種很古老的生存機制，它把我們變成挑剌的人，把關注點放在對方的失誤上。

遠古時期，一個失誤可能就會讓自己甚至整個部落送命，所以我們才會對失誤如此在意，生怕別人靠不住而影響我們，對別人的錯誤容忍度特別低。

沃特斯強調，到了今天，大部分失誤對人們的威脅已經沒有那麼大了，但大腦的負面偏好仍然存在，我們仍然愛挑刺。所以我們千萬不要被這種植入於人類大腦深處的負面偏見給帶跑了。

她說：「負面偏好幫助我們生存，但優點能讓我們蒸蒸日上。」仔細想想，我們總盯著同事的缺點，輕易指責同事、疏遠同事，除了滿足我們微小的安全感、滿足一下別人不如自己的虛榮心之外，意義不大。

如果我們關注同事的優點，我們的心態會變得更加寬容和友善，在行為上也願意和同事打交道，能夠更加影響同事。

如何發現並且運用同事的優點？首先，我們要明白到底什麼是優點。優點是社會輿論對一個人某種特質的正向定性，這句話裡有兩個核心要素：個人特質和社會輿論。

第一，個人特質。每個人都有自己的特質，善加運用一個人的特質，就會變成優點。

我有一個朋友，被挖角到一家公司做銷售總監，入職後，他盤點了一下銷售團隊的全部成員，發現有一個員工的業績一直很差，於是考慮是不是該開除他。

開除他之前，朋友看了看他的銷售履歷，發現這個員工高考考了三次，就把他調去專門攻堅公司流失的那些大客戶。結果不到半年，這個員工就追回了好幾個客戶，後來越來越自信，業績越來越好，還成了銷售冠軍。

能夠咬緊牙關高考三次，可見這個員工懂得隱忍、不達目的不罷休的特質，這樣的特質無疑很適合去做那些有難度，需要相當時間去攻克的業務。這位朋友就是看到了一個人的特質，並且用在了正確的地方，讓他擁有了自己的優點。

其實每個人都有自己的特質，外向的人往往溝通能力更強，在統籌方面的工作上會形成自己的優點；內向的人往往思維更縝密，在策畫方面的工作上會形成自己的優點。事業心強的人，更願意接受挑戰；事業心弱的人，更能夠按章辦事。

每一個人的特質背後，其實都有自己的優點。我們可以透過發現特質，好好利用同事的優點。

第二，社會輿論。優點的存在是需要社會輿論認可的。

就好比說我覺得自己的優點是長得帥，綽號「朝陽區吳彥祖」，但是我說了不算數，必須要我周圍的人都說我是朝陽區吳彥祖，這才能真正成為我的優點。既然如此，那麼我們就能透過製造輿論，為對方創造優點。

我有一個部屬，平時工作不太愛思考，我也拿他沒辦法。為了提升他的積極性，我要求他每週在群組裡面分享至少三次自己的想法和建議。接著我就在開會的時候表揚他的這個行為，誇他特別愛思考，大家要多向他學習。後來他變得越來越積極，分享越來越多，思考越來越深入。

心理學中有一個比馬龍效應，這個理論由美國心理學家羅伯特·羅森塔爾（Robert Rosenthal）提出。主要是說：「你期望什麼，你就會得到什麼，你得到的不是你想要的，而是你期待的。」也就是說，我們的期待和影響，可以改變身邊的人，讓他們最終成為我們期待的樣子。

對別人懷有最高的期望，幫助對方實現這個期待，是處理好彼此關係的好方法。當你對別人說他們很優秀，他們就會變得更好；當你用心發現他人的優點，你也會非常開心，並且最終他會擁有這樣的優點。

所以如何運用同事的優點？很簡單，**給他一個你期待他能有的優點**，哪怕現在他暫時沒有也沒關係。當然，除了提高期待之外，我們**也要有意識的改善對待同事的態度和行為，讓他感受到被高度期待，增加他的信心。**

比如，可以透過簡單的點頭、微笑或拍肩，創造溫暖的氛圍。同時，我們也可以提供同事多樣化、有難度的挑戰，讓他們有更多表現的機會，驗證自己的優點。

給予他們積極回饋時，最好能提出更詳細、更個人化的回饋意見，而不只是一般的誇讚。這樣持續一段時間以後，他就會真的擁有這項優點了。

我很喜歡「你可以像你期待的那樣生活」這句話。我們常常忽略了我們的主觀意願對這個世界的影響，當我們希望同事變得優秀並且幫助同事變得優秀時，同事們就能變得更加優秀。

打造自己的成就事件，讓別人來麻煩你

我們常常期待自己能有貴人相助，會想如果有厲害的人物出手，自己的事業一

定會大不一樣。有這種想法很正常，我們都希望能夠借助更強大的力量，幫助自己更快成功。

不過我們有沒有想過，如果貴人真的出現了，他們會怎樣幫助我們呢？是給我們一大筆錢，還是直接對我們委以重任？事實上，並不存在這樣的貴人。所謂的貴人常常就是身邊的人，而且貴人出現的方式也不是丟下五百萬就走，而是需要我們展示價值與他們交換。

就拿我自己來說，我算是遇到很多貴人了。高中的時候因為會跳街舞，被校外培訓學校的老闆看重，合作開班賺錢，我還因此代表我們區到市裡去比賽。

大學的時候因為愛寫東西，被老師看重一起做學術研究，因此寫出了堪比研究生水準的論文。工作之後因為研發了一些課程，被中國在線音頻分享平臺喜馬拉雅FM的明星製作人相中合作課程，因此認識了劉傑輝，參與創立個人發展學會。

所謂的**貴人，並不是從天而降幫我們搞定麻煩的人。恰恰相反，貴人可能是在我們意料之外，給我們製造麻煩的人。**為什麼會這樣？因為貴人不會莫名其妙去幫助一個人，貴人是看到了我們的潛力，才給我們機會、來和我們合作，這才是貴人真正幫助我們的原因。

個人發展學會的職業菁英研修班中有一位專家導師，他曾經是世界五百強企業的銷售冠軍，他在大咖私房課裡分享了一個觀點：**一個人優不優秀，就看身邊的人願不願意來找他幫忙。**

越是優秀的人，越被大家需要，越有人主動來找他，而貴人就藏在這些主動來麻煩我們的人當中。我們需要做的事情就是，讓更多人願意來麻煩我們，然後在這些事情中選擇真正屬於自己的機會。

其實我對所謂的經營人脈比較反感，到處混社群網站、到處收集名片，以為加了好友就真的是好友了。在我看來，這些做法都事倍功半。與其找貴人幫助我們，不如自己可靠一點，讓貴人來找我們。當然，讓貴人來找我們，也絕對不是憑著酒香就把自己藏在巷子裡。

這裡我提出一個人際關係的照亮法則。想像一下，如果我們是一盞不會亮的路燈，就不會有人願意靠近我們；但是當我們足夠亮，能夠照亮身邊一大片道路，人們便會從我們身邊走過，也就是說，我們就會有機會。

所以，我們要做的就是讓自己持續且穩定的發光，照亮自己，吸引身邊的貴人。怎麼讓自己亮起來，讓貴人來主動找我們呢？我們至少要做到以下三點：

一、創造自己的成就事件

沃頓商學院教授亞當．格蘭特（Adam Grant）在《紐約時報》（*The New York Times*）的專欄文章中分享過這樣的觀點：「除非你已為這個世界帶來價值，否則很難有接觸到重要人物的機會。」你已經取得的成就，表明你可以給予一些東西，而不僅僅是想要索取。

格蘭特還以美國著名歌手小賈斯汀（justin bieber）為例，小賈斯汀與歌手亞瑟小子（Usher）簽約後迅速走紅，但在此之前他自學了唱歌，還熟練演奏四種樂器，並在網路發布了一些影片，已經受到關注，才會被唱片業的經理看到。

當我們的實力暫時有限的時候，可以創造一些能夠證明自己的成就事件，來向身邊的人展現自己能力突出而且積極上進的信號，這就是在照亮自己，以此吸引更多人與我們合作。

我們能在職場上創造的成就事件很多，比如撰寫文章分享自己的工作想法、製作工作手冊、採訪行業前輩、拿下公司的核心企劃，甚至寫出漂亮的年終總結等，都能夠展示自己的成就。

格蘭特說：「大人物會多麼努力支持你，為你冒多大風險，取決於你提供的東西。」我們並不需要成為社交達人，只需要讓自己在某一方面有拿得出手的成績，就容易結識優秀的人，吸引更多的機會。

二、修煉輔助技能

除了創造成就事件，我們還可以修煉一些輔助技能，這些技能是吸引身邊貴人來找我們的好方法。

我常常鼓勵職場人士學習一項實用的技能，比如做PPT、短片，或者寫文章、手繪等。讓自己具備這些大眾都需要的能力，就可以幫到身邊優秀的人，讓他們給自己更多機會。

大家千萬不要小看這些技能對我們的意義，它們不僅能提升我們的學習能力，還能讓我們輕易的和優秀的人合作，這是我們拓展人脈、展示高價值的好方法。

三、成為串聯者

美國芝加哥大學（University of Chicago）教授羅納德·伯特（Ronald Burt）提出了一個概念叫做結構洞（Structural Holes），指的是社群的圈層與圈層之間有空隙，這個空隙就是結構洞。

簡單來說，如果A認識B，B認識C，那麼B就是A和C之間的結構洞。你占據的結構洞越多，你在人際關係網路中的重要性和影響力就越大，這樣的人往往是最容易成為被求助的人。

我們每個人都會有自己的圈子，大多數人也喜歡待在自己熟悉的圈子裡，圈子內部的溝通不僅安全而且高效。但是，圈子的弊端是，它封閉了資訊和機會，會扼殺新機會和新資源。

然而，多數人不願意走出自己的圈子，可是又希望高效獲得圈子之外的資訊，這就是結構洞的價值。

當身邊的朋友說：「今年暑假我特別忙，都沒時間陪孩子了。」如果我們能夠回應：「我聽說你們那區的少年宮（按：中國的一種公共設施，孩子們可以在這裡進行課外活動，例如補習、運動、音樂）組建了少年足球隊，說不定你們孩子會感興趣，我待會兒給你個聯絡人。」

這個時候我們就充當了同事和社區組織間的串聯者，當我們能經常提供這樣的資訊，我們便很快形成了解周邊社區情況的口碑，大家可能會因此主動來找我們諮詢，於是我們有了展示的機會。

總結起來，這三個方法都是讓我們點亮自己吸引更多人注意，主動來麻煩我們的好方法。我們總說，好關係是麻煩出來的，其實，不僅我們要主動去麻煩別人，也要讓別人願意來麻煩我們，這是非常重要的建立信任、影響他人、收穫好人緣的方法。

我們要整合一切可以整合的資源為己所用，但是有沒有無法整合的資源呢？當然有。

學會拒絕身邊的負資源

馬雲從企業管理的角度說過一句話：「公司小的時候，重要的是怎麼招人；公司大一點的時候，最重要的是怎麼開除人。」他說自己成長的一個重要關鍵，就是在除夕當天開除了一位高階管理者。

在公司，不是每一個員工都是有效的資源，要及時清理無效資源；身為個人，同樣不是每個同事都是有效的資源。

我們職業菁英研修班的一位學員分享了她的困惑，她身邊有個老同事脾氣很古怪，工作中總是一副趾高氣昂的樣子，每天辦公室的陰晴都是由她的心情好壞來決定。她不高興的時候，就對同事們冷嘲熱諷，此外，她還很不負責任。比如，別的部門和她交接工作，大家向她詢問一些細節問題，她就非常不耐煩，一句「不知道」甩在那裡，索性就不再回覆了，搞得大家無法繼續工作。

遇到這樣的同事，不要說調動他們為我們所用了，能不被他們影響到工作效率和心情就算不錯了。

在管理學上，對資源有清晰的定義，什麼是資源？人是資源，物是資源，名聲也是資源，總之，我們身邊的一切都是資源。我們常常把「資源」和「可以用的資源」畫上等號，然而資源本身是中性的，能為我們所用創造價值的是正資源；不能被我們運用，反而消耗我們的，就是負資源。

職場上有些人就是負資源，和這樣的人打交道就會很心累、很無奈。那麼，這是一群怎樣的人呢？

相信大家都遇到過這樣的人，比如自己的工作內容處理不好，最後讓別人來收拾爛攤子的人；把自己職責範圍內的事情甩給別人的人；在背後嚼舌根，搬弄是非的人；負能量爆表，把能怎樣、那又如何、何必呢……這類話掛嘴上的人。

上述這些都只是表象，負資源的人都有一個特點，只要我們能看明白這一點，就能輕易識別出哪些是負資源的同事了，就是看一個人的自尊狀態。當一個人處於低自尊的時候，大概是負資源；當一個人處於高自尊的時候，大概是正資源。

什麼是自尊？自尊是指個體對自己的總體評價。當一個人對自己的總體評價偏低的時候，就不會在意別人對自己的觀感，會做出各種損人利己的事情，比如抱怨、依賴、洩憤等；高自尊的人會高度認同自己的能力和存在的價值，從而呈現出自信的形象，會在乎自己在別人心中的形象，會選擇與人合作，彼此共贏。

所以，識別一個人可不可靠，最關鍵的就是，看他對自己的評價以及是否在意別人對自己的評價。當一個人不在乎別人對自己的評價的時候，就是一個低自尊的負資源，我們要遠離這樣的同事。

怎麼面對這樣的同事呢？首先就是要敢於拒絕。工作中遇到低自尊的同事，當他們推諉自己的工作、越界干擾我們的工作的時候，我們很多人會很無奈，會不想得罪他、不想傷和氣、不想翻臉，認為再忍忍、算了吧。

這樣的想法只會換來他們繼續推卸責任，繼續將各種工作甩給我們。很多人在工作中會成為不會拒絕的老好人，這是非常危險的，正確的做法是堅決說「不」，然後觀察對方的反應。

你會發現他們在被你果斷拒絕之後，也不臉紅，而是立刻扭頭就走。因為他們都是低自尊的人，他們根本不會在意你的感受。

生活中，熟人或者朋友被我們拒絕之後，都會很有耐心的聽你講幾句話，因為他們需要一個解釋。畢竟被拒絕總歸是一件傷自尊的事情，他們在乎自己的形象，有了解釋他們才能接受。這樣的人才是高自尊的人，才是有價值的朋友。

怎麼拒絕？我在職業菁英研修班教過大家如何拒絕，也就是拒絕前默念：「我不是有求必應的人。」然後說出口：「這個我真的沒時間啊！」除了果斷拒絕這樣的同事主動找上門來甩鍋給我們，工作中難免要和這樣的同事打交道，我們應該怎麼應對呢？送給大家十六字錦囊：埋頭業務，留下證據，小錯補鍋，大錯捅破。

埋頭業務指的是不管同事怎麼樣，我們要把自己參與的工作做好，以交出工作成果為目標去做事，哪怕同事各種不可靠，我們也要積極推進工作。

北京世紀好未來教育科技有限公司創始人張邦鑫，非常重視一個價值觀——手伸出百分之百，一切問題都能解決。

他強調，在工作中每個人都要有主動伸手的精神，正常情況下兩個同事合作，每人伸出五〇％，合作就能達成。但實際上，工作中總會有人因為種種原因沒有把手伸到位，優秀的員工就要多伸手，別人只伸手三〇％，我們就伸手七〇％；別人伸手〇%，我們就伸手一〇〇%，問題就能解決。

這就需要你在工作中埋頭業務，把事做對。埋頭業務是優秀職場人士的基本素養，但是我們也要警惕，別做職場老黃牛，所以我們要留下證據。對於低自尊同事的一些指令以及承諾，一定要留下證據。自己做了什麼、處理得怎樣也要留下證據。這樣才能保護好自己、展示自己。

我們有一位學員講過她遇到的一件傷心事，她要做公司的季度總結，需要一位同事明確告知下一季度他們部門人員的招聘計畫。她恰好在茶水間遇到那位同事，就直接問了，同事說下季度要招聘八個人。

做季度會報的時候，大主管也在，看到這個資料就說，這個部門下季度為什麼是八個人？應該是四個人才對。她正要說話時，沒想到那位同事說我記得我說的就是四個人，怎麼寫成八個人了？她百口莫辯，大主管皺著眉頭說：「這麼基本的資料都搞不明白嗎？」她覺得很委屈。

遇到說話不經大腦，事後還推卸責任的同事，確實很頭疼。此時怎麼辦呢？方法很簡單，那就是留下一切證據，透過郵件和微信發文字確認就能留下證據。和不可靠的同事交接工作，一定要落於文字，做好確認，有必要的話，可以以郵件的方式，將明確的工作指令、工作內容和要求，以及繳交時間和方式等寄給對方。

如果身邊不可靠的同事犯了小錯誤，我們落井下石看笑話，或者去投訴，會讓主管覺得我們缺少格局，在給團隊添麻煩。這個時候我們主動和主管溝通，主動去做點什麼彌補一下，會更加得體。

但是也要記得，留下自己努力的證據，你要做的只是幫主管處理殘局，絕對不要為低自尊的同事背鍋。

如果你發現同事做了傷害部門利益，嚴重影響工作業績，甚至違法亂紀的事情的話，就不要客氣了。一定要大義凜然的報告給主管，更何況這種大錯，知情不報也會連累到我們自己。

我們在工作中，要具備識別身邊同事的能力，並不是每一個同事都是值得信賴的戰友，有些同事可能就是對自己評價偏低，也不在乎別人對自己的評價，會做出各種損人利己的事情的人。這樣的同事，就是我們身邊的負資源，要學會拒絕、懂得應對。

謹慎選擇對手，因為你會越來越像他

在面試的時候，我會問應聘者：「就你所做的工作，你了解到行業裡最厲害的人是誰？他是怎麼做到的？」

不要小看這個問題，如果對方回答不知道，那就說明他對自己的工作思考不多，只是埋頭幹活的執行者。如果對方能夠回答出來，說明他對自己的工作有更高格局的認知、有更高的期待，對自己當下的不足以及未來的成長，都有自己的思考。這樣的夥伴，當然值得重點關注。

我之所以會問這個問題，是因為我從一位投資客戶那裡收穫了這樣一句話：**「要謹慎選擇你的競爭對手，因為最後很可能你們會變得很像。」這句話告訴我們，我們需要去選擇競爭對手，而且要謹慎選擇，因為對手很可能決定了我們將來的樣子。**

很多人不理解什麼是對手，認為我們應該與人為善，為什麼需要對手呢？這是因為我們把對手和敵人混淆了，其實他們是有本質區別的。

職業菁英研修班有一位學員曉琪向我求助，她和同事菁菁一起進入公司，關係一直都很好，大家工作上也會互相幫忙。上個月主管跟她們兩人都談了話，說可能要從她們當中提一個組長。

後來，菁菁漸漸疏遠她，有時候還會在工作中故意挑她的毛病，在同事面前說一些風涼話，明顯是想打壓她，曉琪很傷心。恰好最近菁菁在工作上犯了一個錯誤，下週主管會在部門會議上說這件事，曉琪在想，要不要趁機批判菁菁一番，讓她從此無法翻身。

曉琪之所以會有這樣的想法，原因就在於她把「對手」和「敵人」混為一談了。敵人針對的是對方這個人本身，是以打擊甚至消滅對方為目的；對手針對的是彼此共同的目標，是以達到自己的目標為目的。

菁菁因為工作上的一點失誤，曉琪卻要讓她從此無法翻身，這個想法就把菁菁當成了自己的敵人，希望透過批判她，讓她徹底失去和自己競爭組長的機會。然而，如果她真在會議上批判菁菁，以後她們就會一直針鋒相對下去，徹底給自己樹立了一個敵人。

曉琪和菁菁只是晉升小組長的對手，曉琪要做的是讓自己表現得比菁菁更適合做組長，這樣更能實現自己的目標。她並不需要批判菁菁，甚至可以在會議上這樣說：「菁菁的工作能力我們是有目共睹的，這次她的失誤為大家累積了經驗，對我們團隊也是有價值的，以後我們齊心協力，會做得更好。」

比起落井下石讓主管意識到曉琪已經和菁菁有了難以調和的矛盾，這樣說反而能讓主管看到曉琪的格局更大，更適合做主管。

面對敵人，我們要消滅；而面對對手，我們要競爭和超越。很多人要麼根本沒有對手，要麼一見到對手就把對方當作敵人，這些都是錯誤的做法。

亞馬遜的創始人傑夫・貝佐斯（Jeff Bezos）曾說：「不要管你的競爭對手在做什麼，因為他們又不給你錢。」貝佐斯真的不關心對手嗎？當然不是，在亞馬遜內部有個很有意思的部門，名字叫做競爭情報組。

這個部門的主要工作就是在其他電商網站上大量購買商品，然後評測它們服務的品質和速度，比如購物過程流暢嗎？服務速度快嗎？退換貨容易嗎？然後，這個小組會把體驗寫成報告，報告給貝佐斯和一個高階主管團隊組成的委員會。

簡單來說，這個小組的任務就是研究競爭對手哪裡做得好，然後讓核心高階主管針對這些制定計畫。

每一個商業組織都會研究對手的做法，就像每一個軍事組織都會有自己的假想敵，針對假想敵來進行軍備和演習。因為當我們有了對手，我們才能進行比較，發現自己的特點和不足。我們才能透過研究對手的做法，推演適合自己的打法，讓對手為我們探路。

站在個人的角度，我們也需要找到自己的對手，因為對手能成為我們的榜樣，給我們動力。決定我們高度的，是我們對手的高度。我們的格局取決於想要競爭和超越什麼樣的對手，這也是我為什麼在面試時，會問新人是否有自己了解的行業前輩，就是看一個人會不會給自己找一個對手。

其實除了行業前輩，我們能找到很多對手，包括身邊優秀的同事、自己的主管、已經成功的大咖或者自己感興趣的名人，這些都可以是我們內心的對手。

我也有自己的對手，而且有很多，對手都是我想成為的那種人。比如，我在管理上，希望能成為像北京大學國家發展研究院商學院院長陳春花老師般的學者；創業上，我希望成為劉傑輝這樣果決的行動派；我在生活上，希望成為相聲演員于謙那樣純粹而且快樂的人；在興趣上，我希望成為華與華創始人華杉那樣，在工作之餘有自己的鑽研，能寫出《華杉講透孫子兵法》這樣高水準著作的企業家。

這些人都是我內心的對手，都是在某一方面，我希望競爭和超越的人。重要的不是我能否真的超越他們，而是他們就是鮮活的榜樣，給我動力和方向。

我們每一個人都需要明確自己的對手。找到這樣的對手之後，我們怎樣讓他們成為我們的資源，幫助我們成長呢？我有一個對手三部曲：全盤吸收，深入推演，巧妙遷移。

先說全盤吸收，這是最基礎的一步。面對比我們厲害的對手，最忌諱的就是道聽塗說、以偏概全。全盤吸收就是了解一個人的全貌，你可以藉由讀完有關他的採訪、分析文章，或看完他寫的書、別人的介紹等，充分了解對手。

我很認同任正非的「選擇適合自己的來學，這是最差的學習方法」這個觀點。道理很簡單，別人是先進你是後進，後進如何判斷先進身上哪個是對的哪個是錯的？如何有能力選擇那些對的來學習呢？

如果一定要選擇，後進一定會選擇自己習慣的那些東西來學，而對後進來說，應該學習的恰恰是他們不習慣甚至不喜歡的那些東西，所以一定要全面吸收。

我會讀陳春花老師寫的書，也經常看她的社群官方帳號，只要她有新書、新課面世，我便會深入了解。因為只有持續深入了解，看到一個人的成長軌跡，才能了解一個人的全貌，真的學到精髓。

其次，是深入推演。思考這個人為什麼會這樣做，不要單單學對手的動作，而是學對手的邏輯。華杉本人是做品牌行銷諮詢的，他為什麼要寫《華杉講透孫子兵法》這樣的書呢？

剛開始我感到莫名其妙，後來才了解到，因為他希望做一家代表中國最高歷史智慧的品牌行銷公司，而中國的歷史智慧就在國學當中，他要將華與華公司寄生在經典國學之上，於是他計畫用近三十年的時間依次寫完《華杉講透孫子兵法》、《華杉講透資治通鑑》、《華杉講透史記》等國學經典。

只有深入推演，才能明白他做事的邏輯，而不是依樣畫葫蘆，如果看到他寫

《講透孫子兵法》，我就寫《講透西遊記》，這就是傻瓜式的模仿，不會成功的。

明白了華杉的邏輯後，我需要做的就是持續在個人成長領域積累最新的認知與技巧，然後持續輸出，做到每週寫一篇文章，每年出一本書，打造自己在個人發展領域的品牌。

最後，是巧妙遷移。每個人都有自己的特質，有所處的時代和社會境遇，成功是不可能複製的，要想學習對手，一定不是照搬而是巧妙遷移。

我們都知道于謙有很多愛好，比如琢磨古玩、建自己的動物園。我們要想像他一樣瀟脫，是不是也要學習他的這些愛好呢？

當然不是，于謙真正值得我們學習的是他對一件事的好奇心和投入度，喜歡一件事就全情投入。這一點特質並不適合現在的我，因為現在我把大多數的時間都花在了工作上。

但是我把這種做事理念帶到了工作中，對如何寫文章、如何批改學員作業、如何做一對一諮詢……我都有相當的好奇心和投入度，不斷琢磨，讓自己做到更好，這就是在遷移對手的理念為自己所用。

馬雲常說心中無敵，才能無敵於天下。在他眼裡確實沒有敵人，但有很多對手，從當年的全球線上拍賣及購物網站eBay，到現在的亞馬遜。

馬雲在接受美國三大新聞雜誌之一的《新聞週刊》（*Newsweek*）採訪時，就表達出他對亞馬遜的緊盯策略，亞馬遜做雲端運算，阿里巴巴也跟著做雲端運算；貝佐斯做航太，馬雲就表示阿里也會涉足航太業。

馬雲把亞馬遜當作自己的對手。**要學會尋找自己的對手，讓對手成為自己的榜樣，給自己動力。選擇一個強有力的對手很重要，因為你會越來越像你的對手。**

第 5 章

跟主管借三樣神器，大家就會聽你的

——借權威、借經驗、借人脈。

工作中，誰才是我們最應該調動的資源呢？毫無疑問就是我們的主管。然而，很多職場人士非但沒有運用主管這個資源，反而還習慣性躲著主管。

躲主管的理由很多，我來羅列一下：「內心害怕主管，不敢打交道。」、「主管太忙，不想麻煩主管。」、「工作挺簡單的，自己就能做好。」、「找主管不就證明自己能力不行嗎？還是自己搞定。」、「我的工作主管都看得見，有必要的話主管會來找我的。」、「主管不喜歡我。」、「我不喜歡主管。」、「找了主管也沒用。」、「不知道為什麼，就是不想去找他（她）。」

這些都是讓我們選擇與主管關係被動的理由，可以想像，在這樣的關係中，我們的工作十有八九是埋頭苦幹，得不到主管的支持和幫助，最終要麼被邊緣化，要麼難以忍受選擇離開。

善用教練型主管為自己升值

全球知名的戰略諮詢管理公司蓋洛普（Gallup），在二〇一五年做的一項調查中得出了一個資料：七五%的員工離職，是因為沒辦法和自己的上司處理好關係。

由此可見，多數人在與主管關係上都有踩坑的經歷。這七五%的員工都遇到了糟糕的主管嗎？當然不是，可能是因為我們對這關係的認知有偏差，導致我們和主管疏遠。

什麼是主管關係？很多人認為，主管關係就是上下級關係，主管安排我們工作，我們完成工作，不就是這樣嗎？

這樣的想法在過去是對的，在組織架構明確、工作職責與要求清晰的時代裡，我們可以埋頭做自己的工作，只需要向主管交出成果就好。在這樣的環境下，主管就像我們的考官和裁判，主管出題，我們完成，然後主管考核，給我們評估績效。

然而，現在這個時代，一切都發生了變化，工作職責與要求變得模糊，不僅我們，連主管也無法確定怎麼做才是對的。在這樣的環境下，主管不再是站在一旁只負責判罰的裁判，現在的主管更像是負責指揮、起到關鍵作用的教練，而我們就是球員，我們需要齊心協力才能實現共同目標。

雷德．霍夫曼（Reid Hoffman）是全球最大職業社交網站領英（LinkedIn）

的創始人之一，也是執行總裁。他在二〇一五年出版了一本書叫做《聯盟世代》（*The Alliance*），這本書就指出了這樣的變化。

過去，公司會強調自己是家，員工是家人，主管就是家長，但是這種關係已經走到了終點。現在，公司和員工就像俱樂部和球員的關係，而主管就是教練。

會有這樣的變化，一是因為時代變化太快，公司的興替加快，員工不再相信自己有必要終生受僱於一家公司，所以主管也不再是一直照顧我們的家長。二是因為職場人士更在意自己的幸福感和成就感，不再認同自己是需要被主管認可的孩子，反而主管應該是幫助我們成長的教練。

因此，員工和主管應該在共同的目標下，以相互信任、相互投資、共同受益的原則相處。霍夫曼的發現很有洞見，**我們不應該把主管當作家長或者教導主任，總是敬而遠之，而是應該把主管當作我們的教練好好運用**。

教練應該是什麼樣子？首先，教練和我們的目標一致，都希望拿到冠軍，用成績來證明自己。其次，教練應該了解我們的優劣勢，能夠提供我們針對性且長期的成長計畫。最後，教練會給予我們及時的回饋和建議，讓我們付出高效的努力。

仔細想一想，如果你的主管真的像合格的教練一樣指導你，你會不會早就努力工作，並且成績斐然了。職場上我們可以期待遇上好主管，但不能把自己的將來寄託在遇到好主管身上。就像稍微成熟一點的學生不會因為不喜歡某一個老師，而放棄學習某一科目，遇到不懂的問題，該問老師還是要問，沒必要拿自己的前途去證明對方確實是一個糟糕的老師。

即使現在的主管根本就沒有扮演教練的角色，也絲毫不影響我們把主管當作教練運用這個資源。**怎麼利用呢？其實並不複雜，就是做到目標一致、資訊同步。**

目標一致這一點非常重要，在《聯盟世代》這本書裡，霍夫曼介紹了自己身為老闆是怎樣和部屬達成一致目標的，對我們來說頗具借鑑意義。

霍夫曼會問員工，如果四年之後你選擇離開這家公司，你希望自己是怎樣的？他會引導員工說出自己的期待，明確描繪出四年之內員工希望做出什麼成果，四年之後變成什麼樣子。

與此同時，霍夫曼也會告訴他，如果他能在這四年裡完成好份內工作，朝著自己期待的樣子努力，公司也會非常願意進一步幫助他取得四年後期待獲得的成就。

霍夫曼在和員工聊完之後，還會簽署一份任期制的協議，確保員工和公司的期待和責任。

我們完全可以效仿霍夫曼的做法，試著思考一下，如果四年後你就會離開現在的公司，你希望自己是什麼樣子。比如被什麼樣的公司挖走？能拿多少的薪水？完成什麼樣的專案？具備哪些能力？幫助公司創造哪些價值？這其實就是我們的目標。我們可以拿著這個目標和主管好好談一談，將主管的目標和我們的目標結合起來，這樣大家的目標就一致了。

其次，就是資訊同步。我常開玩笑，很多職場人士是貓系員工。大家知道貓是很高冷的，經常不給主人面子，貓系員工也是這樣，他們喜歡說：「我不是來跟人的，我是來做事的。」習慣於做好自己的事，很少表露自己的期待和訴求。

管理菁英進階班有一位學員曾問過我一個問題，過去她總是在主管面前表現出一副聽話照做的樣子，很少主動爭取一些機會，現在公司有競爭主管職位的機會，要怎麼跟主管開口呢？「主管會不會覺得我表裡不一，對我失望啊？」我笑著說她就像一隻盯著鹹魚，外表冷豔、內心火熱的饞貓。

這就是平時和主管太少溝通，沒有及時同步資訊、表達自己的訴求導致的。改變的方法很簡單，就是建立正式和非正式兩種溝通管道。正式的會報，包括週報和週例會上的會報；非正式的會報，包括私下聊天，比如試著每週單獨找主管聊聊天，或者一起吃個便飯等，多和主管聊聊自己的工作、自己的困惑、生活的壓力以及接下來的打算。

職場上最可怕的事情就是我們不知道主管在想什麼，主管也不知道我們在做什麼。主管在懷疑我們的工作態度和能力，我們也在懷疑主管是不是對我們有偏見，猜來猜去，於是開始暗暗較勁。

打破這一切的前提，首先就是改變我們對跟主管的關係的認知，學會把主管當作教練，向主管表明自己的目標，工作上積極向主管同步資訊。有實力的員工只要願意和主管保持溝通，就可以打好關係，也能獲得足夠的支持。

有一位叫阿旭的學員說自己工作六年，家裡剛剛迎來新成員，責任變重了，特別希望能夠透過自己的努力讓家人過得更好。職場上，他兢兢業業，本著簡單做人、認真做事的原則，做好自己的工作，就是沒有像其他的同事那樣去和主管搞關係，主管對他也還滿意。可六年裡，主管卻從來沒有給他漲過薪資，這讓他感到非常苦惱，不知道為什麼。

表明合作意願，成為主管的自己人

很多上班族都有和阿旭相同的問題。我們認為做好自己的本職工作，用態度和能力證明自己，就會得到主管的賞識。然而現實是我們並沒有得到更多的關注和支持，距離升職加薪也有點遙遠。

很多職場人士在主管關係上有三大錯誤認知，第一個錯誤認知就是「只要……就……」思維。我們從小到大一直都被這樣的思維影響著，上學的時候老師告訴我們，只要考上大學就好了；讀大學以後，我們覺得只要找到一份好工作就好了；工作時覺得，只要做好份內工作就好了。我們常常認為成功只需要做好一件事就夠了，然而人生從來不是只要做對一、兩件事就足夠的。

這個世界不是按照單一的因果邏輯發展的，現實世界的邏輯是「只有……

才……」只有完成本職工作，才有可能獲得主管的賞識；只有不斷挑戰更難的任務，才有可能突破目前的能力；只有不斷拓展人脈，才能獲得更多的機會。所以，任何時候我們都不能認為自己做好一件事就夠了。

第二個錯誤認知，就是以為主管能看到我們付出的努力與工作成績。

其實所有的工作皆可以分為兩類：一類是射擊型工作，另一類是拳擊型工作。射擊型工作就像射擊比賽一樣，子彈射出去，打中了幾環結果就是幾環，一目瞭然，最典型的工作就是銷售。銷售的工作成績非常明確，就是你的銷售額，大家有目共睹。

然而這樣的工作其實是少數，更多的工作是拳擊比賽型的。就像拳擊比賽一樣，除非你可以把對手一拳打趴，否則通常都得和對手糾纏在一起，難分出勝負，這就需要裁判評分才能得出最終的結果。像營運、市場、策畫、廣告、培訓等相關工作，都是沒有明確的結果，需要主管考核才能評判，而這樣的考核機制本身也是難有客觀和精確的標準。

不信你試著思考看看，你覺得身邊的同事工作努力嗎？業績突出嗎？只要他不是銷售類型的職位，你很可能會覺得他好像整天也沒做啥。為什麼會這樣？因為我們沒有用客觀的標準去評價。

所以我們真的不能期待主管知道我們付出多少努力、拚出多少成績，主管自己也沒有用客觀的標準去評估和考核。

多數職場人士還有第三個錯誤認知，就是認為主管對部屬是一視同仁的，每個人的機會都一樣，所以不需要去爭取什麼，主動爭取是一種獻殷勤的多餘動作。

在管理學中有一個非常重要的理論，叫做領導者—成員交換理論（Leader-member exchange），簡稱ＬＭＸ理論。它是由喬治．格里奧（George Graen.）在一九七六年提出的，這個理論的核心是：

- 領導者對待部屬的方式有差別。
- 領導者會和一小部分與自己互動較多的部屬構建高品質的交換關係，和大部分互動較少的部屬構建低品質的交換關係。

也就是說**主管會在自己的部屬中發展一小部分人，成為自己的親信，這些親信會獲得主管更多的關注和資源**。基於這個理論，我在個人發展學會的管理菁英進階班專門提出了管理部屬的三圈理論，管理者要在制度允許和基本公平的前提下，將自己的部屬分為：內圈、邊圈、外圈。

內圈是自己的親信；邊圈是能做事的幫手；外圈是隨時可以替代的短工。為什麼要這樣？因為管理者的時間和精力是有限的，不可能關注所有部屬。

從管理效率上來講，管理者一定是透過影響關鍵部屬進而影響整個團隊。從人心士氣上來講，那些積極主動的部屬就應該獲得更多的關注，這樣才能起到激勵和榜樣的作用。總之，管理者會把更多的精力放在自己內圈的部屬身上。

了解主管關係的這三大錯誤認知，我們就能明白，處理主管關係，不僅是靠自己的能力與業績，一定要積極親近主管，多去與主管交換——也就是我們提供時間、耐心、能力，去換取主管的資源。那我們應該怎麼做呢？

第一，要永遠比主管主動。

劉慈欣在小說《三體》中描述了宇宙中兩個陌生文明的猜疑鏈，因為我擔心你黑我，你擔心我黑你，最後兩個人都選擇先朝對方開一槍，於是戰爭就無法避免。

上、下級關係中普遍存在這樣的猜疑鏈——某天我們開會遲到了，主管覺得我們工作態度是不是不好；會議結束後給我們加了點工作量，我們心裡不爽，於是工作開始拖延，主管更加覺得我們能力不行……一來二去就開始相看兩厭了，這就是猜疑鏈。

打破猜疑鏈的唯一方法就是積極溝通，我們要做到一點，主動親近主管。

第二，學會交投名狀。

如果我們目前還不是主管的親信，甚至我們和主管已經有了些隔閡，打破這種隔閡的好方法就是投名狀。這個詞來自《水滸傳》，林沖走投無路，想要入夥梁山，當時的寨主王倫怕他三心二意，遂要求他下山劫道殺人，如此才不再懷疑他。

投名狀的作用是「明我的志，安你的心」。現在的職場上，需要交投名狀表決的場合比比皆是，而表決最好的方式就是挺身而出，去做一些更有挑戰的工作，幫助主管解決麻煩。

有位學員阿豪，他的直屬主管升職被派到分公司做主管，公司不允許主管從原部門帶走任何人，阿豪很想跟過去，最後也沒成功。新來的主管沒比阿豪大多少，上任之後冷落阿豪，寧可把重要的事交給水準不太高的同事，也不交給他處理。

阿豪告訴我，他對新主管也有些了解，對他還是很佩服的，但是沒想到關係會處成這樣，很苦惱，甚至在考慮要不要辭職。

我告訴阿豪，其實不用心急，找一個機會交一次投名狀就好。不久後新主管負責的一個專案遇到了問題，他因為和跨部門的主管不熟，很多事情都難以推進，而這些過去都是阿豪在負責。新主管在會議上批評交接的同事，會議後，阿豪找到新主管，表示自己可以做好這件事，保證完成任務。

新主管剛開始有些懷疑，最後阿豪果然漂亮的達成任務。新主管在團隊慶功宴上，激動的和阿豪喝酒，說：「你這朋友我交定了。」後來阿豪順利成了部門的第二負責人。

在主管關係上，保持生活上的關心就好，更重要的是工作上的積極主動、相互配合。其實，只要我們細心觀察，主管一定會在開會或者私下表達過自己對某些事情的不滿，這些都是在主管眼裡覺得重要，但是大家一致沒有做好的事情，而這些事情恰好是我們表決心的好機會。

最後我想說，職場上沒有什麼三顧茅廬，最多的是毛遂自薦，我們要主動向主管展露自己合作的意願，這也是有上進心的表現。

做好這三點，離職也能和主管做朋友

有一位朋友向我提問，他說自己的直屬主管沒什麼上進心，心思不在工作上，請示一些事情也不拿主意，常常能拖就拖，讓她特別苦惱。

還有一位朋友跟我抱怨說，主管整天都只關心不許遲到、桌面乾淨、用心寫週報這些小事，企劃中真的遇到困難，主管卻常常拍著腦門發號施令，讓團隊的努力總是收效甚微，大家都被弄得苦不堪言。

也許我們的主管還沒有這麼靠不住，但是不得不說，我們在職場上，經常會遇到這些要麼態度有問題，要麼能力有問題的主管。有時候也可能不是主管的問題，而是我們自己心高氣傲，總盯著主管的缺點，覺得主管也沒什麼能耐，內心瞧不上自己的主管，於是選擇敬而遠之，最終疏遠自己的主管，不願意把他們當作有效的資源。

然而，這種因為主管的工作態度和能力或者自己心態的問題，而疏遠主管的做法，對我們有害無益。為什麼這麼說呢？

首先，我們不能期待自己的主管有多麼上進、多麼厲害，確實有主管不顧妻兒，投入很多時間到工作上，在事業上勇猛精進，想要做出更大的事業。

還有另一種更普遍的情況：人到中年，父母健在、夫妻關係和睦、孩子讀小學，家庭的壓力比較小，人生處在一種相對穩定的狀態。於是，逐漸失去了事業上的野心，沒那麼大的動力提升自己。對工作的興趣已經被其他的興趣取代，比如釣魚、攝影、搞國學……其實這才是多數中年主管的生活常態。

也許，年輕的你看不上這樣沒上進心的「中年油膩」主管，但這些都不是你鄙夷、疏遠主管的理由。他年輕時也許比你更努力，和老闆結下了深厚的友誼，也許他還有你看不到的背景和人脈關係。

總之，直屬主管是你最大的資源，而且還是最有可能幫你的人，疏遠主管只會讓我們和主管暗中較勁，失去一大助力。

我強調不要瞧不上自己的主管，就是希望大家學會把主管當作資源並加以利用。主管到底有哪些資源呢？其實，**每一個主管都有三大資源可以被我們運用：權威、經驗、人脈。**

首先是權威，只要是主管，就會有一定的權威。

講一個有趣的小故事：據說華為有一位保全入職非常早，工號排名在前一百位，很多知道這個內幕的老員工在自己主導的企劃中，發郵件時會抄送一份給這個保全。很多收到郵件的新員工一看自己的主管也關注了這個企劃，於是都不敢怠慢，特別認真。

相信我們也有這樣的經歷，只要是主管參與的或者重視的企劃，我們總會更認真一些，這就是主管權威產生的作用。

借用主管權威的方法就是讓主管參與我們的工作，請主管多提些意見，並且向身邊配合自己的同事分享主管的意見。如果你是產品經理，可以對設計師這麼說：「昨天張總給我們企劃提了一個很好的意見，我們一起把它做好吧。」只是簡單的一句話，就能讓我們的企劃受到更多的關注，何樂而不為呢？**這裡需要注意一點，就是借用主管的權威需要把握好分寸，不要拿主管來壓人，這是職場上的忌諱。**比如，「張總讓你配合我把這個專案做好，希望你配合」，這樣說話有點仗勢欺人，同事會很反感。換一個說法就好：「張總說你特別靠得住，這個專案他很重視，我們一起好好配合吧！」

主管的第二個資源就是主管的經驗。

既然是主管，在經驗上就會相對比我們豐富，格局比我們更高，掌握的資訊比我們更多，能調動的資源也更多，我們完全可以運用這樣的資源。

我常常會強調「事前請示，事中同步，事後確認」的高效工作法——當我們工作時遇到問題，在負起責任、認真思考的同時，提前請示主管；工作過程中及時和主管同步資訊；完成之後確認主管的看法。這些都是借用主管經驗，讓我們工作起來事半功倍的方法。

在運用主管的經驗時要注意兩點：第一，不要給主管話題作文，而要給主管命題作文。

什麼是話題作文？你寫了一個企劃交給主管，說：「張總，希望您提提意見。」這就是話題作文，主管不知道說什麼，因為企劃能提的意見太多了，從標題到結構，從觀點到標點符號，這些全能說出意見，主管礙於情面可能說了一堆，但不是你想要的，結果自然不會好。

給命題作文的方法就是說：「主管，企劃我寫好了，感覺其中的行銷企劃我沒有太大的信心，我羅列了幾個，您多指點。」這就是讓主管做命題作文，我們就能收穫具體的經驗。

第二，要積極回饋主管。大多數主管都願意教部屬做事，因為教會你，他也輕鬆。但是沒有人願意教一個笨徒弟，徒弟的正向回饋越大，師父越願意傾囊相授。

如果我們請主管推薦一些書，我們要用心讀完，再去找主管聊聊自己的讀書心得。主管指導了我們的專案，專案完成之後，就要向主管表達自己的收穫和感謝。有始有終，這樣會更好拉近與主管的距離，獲得更多的幫助。

有效的溝通，能夠省去無效的努力，尤其是多和主管溝通，獲取主管的經驗，是讓我們少走彎路、高效工作的方法。

主管的第三個資源就是人脈。主管在他的位置上，必然處在一個複雜的關係網中，包括跨部門同事、客戶、友商、大老闆等都在這個關係網中，所以這對於我們來說，是個大寶藏，疏遠主管，就是拒絕這塊寶藏。

我曾經有一個學生嬌嬌，她即將畢業找工作，因為學歷不太高，好不容易找到一份實習工作，三個月實習結束需要考核後才能轉正。實習期間，她把主管當作資源，多琢磨、多請示、多回饋，工作完成得還算不錯，可惜後來還是因為學歷門檻沒有轉正。為此，嬌嬌很灰心，馬上就要畢業了，自己卻還沒找到工作。

我教她一招，去找主管幫忙。她寫了一份實習總結發給主管，記錄自己這段時間的成長經歷，主管看了之後很感動，發朋友圈說這是她帶過最好的實習生之一，可惜沒有留下來，問誰願意收這個有潛力的徒弟。後來，主管的朋友紛紛來要嬌嬌的履歷，嬌嬌很快就找到了工作。

是的，我們可以借用主管的人脈，讓主管為我們背書，透過主管認識更多的人。我的很多行業前輩和一些優秀的合作夥伴，都是透過主管的介紹認識的，所以一定要運用主管的人脈。

怎麼利用主管的人脈資源呢？我們可以先了解主管的履歷，梳理出主管的職業脈絡，以此知道主管可能擁有的人脈，然後再和主管溝通並求助於他。

我們身為部屬，對於主管其實沒有太多的選擇，所以我們沒必要苛責自己的主管，而是讓自己成為積極向上的部屬，在完成本職工作的前提下，主動靠近主管，獲得主管的信任，用好主管的資源。

主管是我們的資源，我們更是主管的資源，**好的主管關係，我覺得是六個字——背靠背，永相隨。部屬不怕累，努力提升自己為主管效力，主管有格局有抱負，在實現組織目標的同時，成就部屬。上下級彼此配合，背靠背共同成長。**

永相隨不是說上下級要永遠一起工作，而是交情常在，部屬總有一天會有自己的一番天地，能夠離職後還是朋友的上下級關係，才是真正健康的好關係。

遇見糟糕的主管，要不要忍？

你可能會問，所有的主管都能成為我們的資源嗎？我覺得我的主管真的很差勁該怎麼辨呢？這就需要我們具備區分主管好壞的能力，主管分為三種：優秀的主管、及格的主管和糟糕的主管。

我們來看看職業菁英研修班學員曉倩的主管是哪一種。曉倩工作兩年了，屬於核心業務部門，但是直屬主管不懂業務，而且特別喜歡挑剔，常常在一些同事面前說另一些同事的壞話，大家都感覺特別難受。

曉倩因為比較內向，平時話不多，總是被主管找碴批評，說曉倩高冷、不合群。雖然主管也誇曉倩工作能力強，還幫她加薪，但是因為各種莫名其妙的小事被批評，讓曉倩覺得很委屈，經常有想辭職的衝動。

曉倩的主管是糟糕的主管嗎？她的主管肯定算不上優秀。主管在一個部屬面前說其他部屬的壞話，是因為對自己的能力沒自信，所以想討好部屬，拉近關係。找碴批評部屬，是希望維護自己的權威，害怕部屬不服管理——這些都是主管的管理能力不足導致的。

但能力不足的主管，還算不上糟糕的主管。主管願意和部屬單獨溝通，能肯定曉倩的能力，主動為她漲薪，這些都是在乎部屬，會照顧部屬的利益和感受的做法，就憑這一點，曉倩的主管算是及格的。

那什麼樣的主管是糟糕的主管？認清兩個最關鍵的防偽標籤：**第一，是否損害我們的合理利益；第二，主管在性格上是否有明顯的缺陷。**

再講一個小故事，主角還是我們職業菁英研修班的學員。她的工作是人力資源管理，公司總部鼓勵其部門員工去參加學習，還撥了十萬元的學習經費，但是她的經理偷偷把這十萬元退給了總公司，說部門不需要學習。

公司總部的財務部門覺得很奇怪，打電話來核實的時候，員工們才知道有這麼一件事。原來，人力資源部門對經理有一個重要的考核指標，就是這個部門的花銷越少，其考核績效就越高。為了自己的績效，這位經理犧牲了部屬的學習機會。

雖然這位人力資源經理為部門節省了一筆花銷，但是她依然是個糟糕的主管。糟糕主管的第一條，就是損害部屬的合理利益。

你的主管也許對你非常嚴格，要你加班、讓你重做，還當眾大聲批評你所犯的錯誤，但是這樣的主管其實是好主管。

比如電視劇《亮劍》裡的李雲龍，他就會罵部屬、會讓士兵用真刀真槍訓練，哪怕受傷流血也要這麼練，因為他說：「我寧願他們在訓練時受傷，也不願他們打仗時送命。」這樣的主管的確嚴苛，卻是為部屬好，無疑是合格的主管。

你覺得薪水太低，希望加薪主管沒答應；你好不容易去見女朋友的家長，主管非要你臨時加班；你想休年假，主管拒絕。這都是個人的合理訴求沒有被滿足，這樣的主管就是糟糕的主管。

但是，如果加班是因為專案到了關鍵時期，做好專案後主管不會吝嗇於該有的獎金，這就是合格的主管。

如果主管在性格上有明顯的缺陷，也是糟糕的主管。其常見的缺陷有三種：不遵守承諾、貶低部屬的人格、強迫部屬做不屬於其工作職責範圍內的事情。

承諾的事情沒有做到，比如承諾的薪資和獎金，或承諾的假期、培訓等，最終沒有兌現的主管，十之八九都是糟糕的主管。

有一位老師跟我分享過她的一個故事。一九九五年，她大學畢業後去了廣東的一家民營企業工作，職務是老闆的祕書。那個年代，大學生畢業去民營企業工作算是很新鮮的事。有一天她在辦公室做著祕書的瑣碎工作，而老闆卻抽著菸，喝著茶，蹺著二郎腿。

就在她埋頭工作之際，老闆突然說了這麼一句話：「我一天掙的，比妳一年都多。」這位老師當時覺得莫名其妙，而且有種被鄙視的感覺，她回了一句：「是啊，你是錢多，可是你很累，我不想要你這樣的生活。」

這家企業的老闆小學都沒畢業，她感受到了這位老闆的自卑以及對部屬的不屑。後來，老師決然離開了這家公司。而沒過幾年，這家公司就倒閉了。

主管即便本身能力有限，我們也可以在熟悉了行業情況，並在團隊中積累一定經驗後再走。主管能力強，但是對部屬苛刻，沒有人情味，也不關心我們的收入和將來，我們可以堅持，從他身上學到東西，跟著團隊上一個臺階後再走。

現實職場中，能夠不損害我們的合理利益，沒有明顯的性格缺陷的主管，已經是不錯的主管了。我們可把主管當作資源善加運用，學會從自己職業發展的長遠角度考慮，積攢實力、經驗和人脈，然後再考慮遠走高飛。

如果主管實在是太糟糕，那麼我們也就不需要再忍了，不懂離開一個糟糕的主管，就是在縱容壞人傷害自己。不要想著向誰證明什麼，考慮自己的實際利益才是正解，盡快離開就好。

我在職業菁英研修班講過一個最基本的職業發展原理，就是「要追不要逃」。一定要去追逐更好的選擇，而不是被情緒侵染，不管不顧，只想盡快逃離。

決定離開前，最好想清楚以下兩個問題，並且做出相應的努力：第一，離開主管是為了更好的發展機會，還是對主管的厭惡？

如果是前者，我們做好離職的準備就好；如果是後者，可以嘗試向大主管提出是否有調職的可能，並且權衡這樣的機會是否適合自己。為一個糟糕的主管而離開自己熟悉的公司，成本還是有些高的，要給自己更多的選擇。

第二，辭職之後能否找到更好的工作？很多因為糟糕主管而決定辭職的職場人士都會被情緒影響，覺得自己不想再工作了，於是沒有耐心去找下一份工作，憋著一肚子氣只想裸辭（按：在不考慮後路的情況下辭職），然後休息一段時間後再慢慢找工作。

如果你能力突出，資源較多，有大把工作機會等著你，當然可以這樣選擇；如果你身處基層或者機會有限，還需要海投簡歷找工作，就要非常慎重了。

因為一旦辭職，開始找下一份工作時，經歷了幾次面試，我們都會被焦慮和挫敗的情緒感染，加上一定的經濟壓力，很容易在焦慮中輕率選擇一份工作，可能又掉進了另一個坑。

可以考慮清楚辭職的時間，提前寫好簡歷，先試著投一投，對比、衡量當下的職位資源和自己的職業水準，做到有的放矢，然後再制定計畫。

第 6 章

一個好漢也需要三個幫

——每個領導者背後，都有自己的團隊。

我們一起來思考幾個有趣的問題：《西遊記》裡為什麼孫悟空和唐僧總是鬧矛盾？唐僧甚至還將孫悟空趕出了取經隊伍呢？唐僧是得道高僧，也是團隊的領導者。孫悟空責任心強，是團隊的業務靈魂人物。他們目標一致，都想取得真經，但是為什麼關係一度如此緊張呢？

找到和主管的利益結合部

這些問題的背後，有一個洞察主管關係的鑰匙，叫做利益結合部，利益結合部是我們推動主管的關係，獲得主管支持的關鍵。什麼是利益結合部？我們先來分析一下唐僧和孫悟空這對上下級各自的利益。

取經路上，在唐僧眼裡重要事情由高到低的排序，是保持佛門清規戒律、完成西天取經任務、維護取經團隊的團結。孫悟空眼裡重要事情由高到低的排序，是降妖除魔保唐僧安全、完成西天取經任務、維護取經團隊的團結。

孫悟空是齊天大聖，觀世音派他保護唐僧，降妖除魔是他最重要的任務。唐僧是佛門高僧，保持清規戒律是第一原則。結果他們遇到白骨精化身的老百姓，孫悟空看到的是狡猾的妖怪，唐僧看到的是孫悟空濫殺無辜，於是兩個人產生了矛盾，最終激化。

孫悟空和唐僧都是好人，但是各自的利益有重合之處，也有不一致的地方。

所謂利益結合部，就是人與人之間存在的利益重疊。重疊的利益，是我們合作的基礎；不重疊的利益，是矛盾的根源。明白了這一點，要想處理好主管關係，就要掌握識別主管利益，在彼此的利益結合部中思考行動的方法。

職業菁英研修班有一位學員最近很苦惱，他在一家銀行待四年，從基層升到了主管，他的成長除了自己任勞任怨，和主管的栽培也分不開。

主管和他畢業於同一所大學，還是同鄉，對他一直照顧有加。前不久公司有一個調職的機會，正好他要結婚了，就希望調回市區。各方面的關係都疏通好了，本想著以自己和主管的關係，主管肯定是會幫助他的，可是沒想到剛跟主管開口，主管就說不同意，要他再等等。他特別失望和氣憤，不知道該怎麼辦。

我們用利益結合部的視角來分析，他和主管之間，其實是在利益結合部的基礎上，相互投資。主管把他當作主要負責人，需要他好好工作創造業績；他把主管當作資源，讓自己更快提升。可是現在學員要離開，就是只站在自己的角度，考慮自己的利益。

主管站在自己的角度，當然是不希望自己手下少一個能幹的人，於是他們的利益自然就有了分歧，主管當然不同意讓他離開了。

大多數職場人士之所以和主管關係緊張，被主管疏遠，根本原因就是忽略了主管的利益，只站在自己的角度思考問題和行動，自然就會和主管產生衝突。

主管有哪些利益呢？我們很容易認為主管的利益當然是希望我們埋頭幹活，創造更大的工作業績，然而事實上主管會關心的利益有工作業績和個人權威。

工作業績是我們和主管之間最基本的共同利益，如果手頭的工作都做不好，會讓主管費心指導和解決問題，甚至會拖累整個團隊，影響團隊士氣，主管嫌棄都還來不及，怎麼會給予我們更多的信任和支持？

我常常開玩笑說，職場人士要「**先亮拳頭，再做兄弟**」，展示了實力，能做好工作，才有資格和主管談交情。

當有人來向我抱怨自己和主管關係不佳的時候，我首先問的問題是，你覺得自己的工作能力是同事中最強的嗎？你的判斷依據是什麼呢？我們不但高估了自己的工作表現，而且多數人連手頭上的工作都沒有做到令人滿意，就開始期待主管關注自己，給自己更多的機會，這樣做只會讓自己和主管的關係更加疏遠。

所以，具備完成基本職責的能力，讓主管不為自己的工作操心，是積極影響主管最基本的要求。

除了具備完成自己工作的能力，很多人忘了主管還有一個非常在乎的利益，那就是個人的權威。太多職場人士都認為我完成自己的事情就行了，認為在職場上有話直說就好，何必要捧著自己的主管呢？甚至和主管頂撞都覺得無所謂。

我還在前公司的時候，有一次加班到很晚，實在累了，就在會議室的沙發上打盹，突然隔壁會議室吵了起來，是某部門主管和部屬發生了衝突。其實是對業務的看法有分歧，很快部屬就開始對主管人身攻擊，說這個新來不到三個月的主管的水準很差。主管一直保持冷靜，努力解釋他的用意，爭吵了一會他們就停止了。

我在會議室裡一動不動，直到聽見他們先後打卡下班離開後我才出來，發現當時只有我們三個人。

我之所以不想讓他們知道有人聽見他們的爭吵，是明白如果主管看到有人在，他會對這件事的性質認定發生改變。部屬指責上級能力差，是非常傷主管自尊和權威的事情，如果旁邊還有人在的話，主管會擔心事情傳揚出去後，自己對團隊的掌控力因此被破壞，可能會對這名部屬更加惱羞成怒，甚至有可能透過報復這名部屬重建權威。

公司其實和軍隊一樣都是有層級的組織，組織要想運轉，必然要上傳下達，做到令行禁止，這些就需要上級具備相當的權威。因此，在部隊裡，違背上級命令、頂撞上級，在一些極端情況下，是可以當場就槍斃的罪行。

想想看，如果主管開會的時候，提出一個企劃，大家全是批評和質疑，那還能有企劃被執行嗎？所以，一個成熟的職場人士，一定要懂得維護主管的個人權威，因為任何一個主管都會在乎這個。

維護主管個人權威的方法很簡單，就是公開支持，私下批評。在公開場合，始終要表達對主管的支持，即使你內心有意見，即使意見再正確，也要私下溝通。

慢慢的，你就會發現，私下指出主管的缺點和不足越深，兩個人關係便會越好；而公開場合則完全相反，越是公開場合說主管的不足，提出各種建議，往往和主管關係越疏遠。

可惜，很多人常常圖一時爽快當面懟主管，結果自然不會得到主管的信任和賞識。

有一次我們開會，一個中層主管帶著部屬一起，主管正在做重要的會報，突然，其他部門的負責人說他們部門的資料有問題，主管當時就呆住了，被大主管一頓猛批。這個時候那名部屬插話說：「昨天主管正好交待了這個工作，現在我為幾位主管報告一下情況。」

部屬知道這個資料其實沒有問題，主管只是對資料不熟，一下沒有反應過來。於是她挺身而出，讓主管有緩衝的時間，可以了解具體的情況，做好應對的準備。沒過一會兒，主管就接過了話，兩人完美配合化解了這次的危機。

這就是懂得站在主管利益角度，維護主管個人權威的聰明部屬。據我所知，後來這位主管對這名部屬栽培有加，兩個人的職業發展都非常順利。

職場上最重要的關係就是與主管的關係。主管是離我們最近、掌握最多資訊和資源的人，所以一定要拉近和主管的距離，獲得主管的支持，把主管的資源變成我們的資源。

而這一切的前提，是我們站在自己和主管的利益結合部，做好份內工作，顧及了主管的權威，我們才能和主管達到雙贏。

親密暗示，讓同事成為你的終身好友

工作中同事間需要配合的小事更多，比如一個資料、一個檔案、一項通知，甚至是一篇文章的標題需要徵詢意見，讓大家投票等。這看似是一些小事，但要明白讓同事或者主管願意幫助我們的關鍵，就是要讓他們對我們有些感情。

分享一個金牌銷售員的祕訣。當有客人進店的時候，一般的銷售人員會直接迎上詢問客戶要什麼，這時多數客人的態度會比較冷淡，甚至有點抗拒銷售人員。

而金牌銷售員卻不一樣，他會裝作正忙，拿著一件衣服，要放回到貨架上，並且故意和客戶擦肩而過，路過的時候對著客戶微笑一下打個招呼。在把衣服放好之後，再去對這個剛剛打過招呼的客戶直接說：「怎麼樣？您需要什麼？」顯得彼此已經很熟悉的樣子。這個時候，絕大多數客戶都會和他愉快溝通。

這是為什麼呢？因為這個金牌銷售員已經透過設計一次偶遇，和客戶不再是陌生人的關係，客戶潛意識裡已經把他當做作朋友了。

這就是在釋放一種隱形的影響力，故意製造一次相遇，打個招呼，讓彼此有熟悉感，留下好印象，在彼此之間儲值一份感情，為接下來的溝通做好準備。

這個方法我們學得來嗎？其實很容易學，如果我們想要拉近和同事甚至和主管之間的關係，讓他們在工作中對我們更加友好，更願意幫助我們，我們就可以用這個方法，這個方法就叫做親密暗示。

親密暗示指的是當我們想拉近和別人關係的時候，我們要主動做一些親密關係狀態下才會去做的事情，這樣才能進一步拉近彼此的關係。那麼，我們在工作上如何運用親密暗示呢？

我們可以把同事關係分為陌生人、熟人和好友三種狀態。

想要和同事們建立更好的感情，就是把陌生人當作熟人，把熟人當作好友。這樣做才能拉近彼此的距離，儲值有效的感情，以後工作中需要彼此配合的時候，對方就會更加積極了。

首先是學會把陌生人變成熟人。這是雖然簡單，但很多人難以跨過的一步，就是學會跟陌生的同事甚至主管，主動打招呼並且能閒聊。

假設你在電梯裡遇到了隔壁部門的新同事，你們相互看了一眼，但是你沒有和他打招呼，這位同事也看到了你，他和你一樣裝作不認識，這時你們其實是把關係維持在了陌生人的狀態。

如果第二天你恰好要去他們部門辦事，需要他們部門同事幫忙，這個時候你一定會迴避這位同事，因為你們內心有種心照不宣的尷尬。可是如果當時在電梯裡，你主動打招呼，像熟人一樣簡單聊幾句，就是把關係從陌生人推進到了熟人，你再去他們部門，他自然會更加熱情，會更主動幫助你。

親密暗示就是要在陌生人的狀態下，做熟人會做的事情，如此才能拉近彼此的距離。許多人都不明白這個道理，工作中遇到沒有來往的同事和主管，都假裝沒看到，選擇擦肩而過，這其實就是在浪費積攢影響力的機會。

也有很多人是因為不知道打了招呼該聊什麼，怕彼此尷尬。其實這個也很好解決，真的不用太在意說什麼。無論是流水線工廠裡的打工妹，還是高檔辦公室裡的菁英白領，在茶水間裡相遇，聊的都是熱播劇和化妝品，因為這些話題最有共鳴。

不要對這一次短暫的溝通抱有什麼期待，讓彼此愉快就好。對同事最簡單的開場就是問：「最近忙什麼呢？」然後圍繞對方的近況去關心對方就好。

面對主管，最簡單的開場白是：「〇總好！」打招呼就好，等主管開口，給主管留下一個我們積極開朗的形象就行了。這就是把陌生人變成朋友的方法。

那怎麼用親密暗示將熟人變成好友呢？當我們已經透過主動打招呼和工作中的一些來往，將陌生的同事變成了說得上話的熟人，接下來可以更進一步，把同事向好友的狀態推進。當然，這裡說的變成好友是做一些熟悉的朋友之間才會做的事情，暗示彼此關係親密。具體有什麼方法呢？有一個方法就是讚美。

美國著名的人際溝通專家萊拉・朗德絲（Leil Lowndes）寫過《跟任何人都可以聊得來3》（*How to Make Anyone Fall in Love with You*）等暢銷書，她把讚美當作拉近親密關係的祕密武器。

她認為高品質的讚美，是發現別人身上隱藏的優點；而隱藏的優點，常常是彼此熟悉的朋友才能發現的。因此，有效的讚美，能夠拉近朋友之間的距離。

那麼，**如何有效讚美他人呢？讚美的祕訣不在於陳腔濫調，而是巧妙支持對方眼中理想的自我形象。**具體來說，就是不要用抽象的詞彙讚美別人，比如「你好棒啊」、「帥過偶像明星」等；要學會將讚美埋伏在話語裡，比如：「像你這樣閱歷豐富的人，在當時那種場合，肯定不會緊張。」、「那東西真的很重，不過像你這樣堅持鍛鍊的人，肯定能輕鬆搞定。」、「我最不擅長琢磨這些表格了，幸好有你在，你的專業能力我最放心。」

這些句子聽起來像是脫口而出的感悟，但身邊關係並不親密的同事聽到你這樣的讚美，一定會覺得如沐春風，覺得你特別懂他，關係自然就親近了。

我們在工作中會發現，有些同事好像就是會更討大家喜歡，他的事別人會更上心；而有些人好像和大家關係疏遠，常常不好意思去麻煩別人，要想讓大家配合做點什麼事情，就要更費勁去求人。

這是為什麼？原因就在於這些同事能夠把陌生人變成熟人，熟人變成好友。人們對自己熟悉的人和事，一定會傾注更多的關注和耐心。

有意義感，才有參與感

如何調動更多的同事花費更多的時間，幫助我們完成更大的任務呢？除了平時感情的累積，我們還需要一個重要的武器，那就是意義感，意義感是凝聚人心最有力的工具。

職業菁英研修班有一位學員一度非常苦惱，他負責經營公司的新媒體，過去的一年，他招募了近十個同事，但都沒做滿三個月就辭職了，他問我應該怎麼辦。我也很好奇，反問他，可能的原因是什麼？

他說是因為經營新媒體的工作很瑣碎，主要是挑選文章、排版、監測資料，他們剛來的時候很願意學習，可是做了幾個月，覺得學不到東西，所以就走了。

我發現這位學員，自己就是一個很喜歡琢磨經營新媒體技巧的人，報過很多班，工作中習慣於埋頭苦幹。然而，他不具備領導者的思維，太注重具體的任務，忽略了工作的意義感，導致部屬只看到繁瑣的任務，看不到工作的價值，學不到更多的本領，紛紛想離開。

什麼是意義感？意義感就是一個約定，因為有了這個約定，我們就可以彼此配合，開始行動，這就是意義感的價值。

這可能有些不太容易理解，舉個例子你就明白了。比如我們下五子棋時，五個棋子連成直線就算贏了，這就是約定，沒有什麼道理，承認這個約定，這個遊戲大家就能一起玩。

如果你非要追問，為什麼要五個連著，六個不行嗎？為什麼只能連成直線？如果我們追問這些意義的合理性，對於絕大多數人來說，沒有任何價值。

馬雲等所創辦的浙江湖畔創業研學中心（舊稱湖畔大學），開學第一課必講使命、願景、價值觀，這其實就是在強調任何一個企業要想長久，一定要有鮮明而且宏偉的意義感。

阿里巴巴的使命是讓天下沒有難做的生意，這個使命就是一份意義感，是一份約定。你認同，那麼就能成為同事一起奮鬥；你不認同也沒有關係，自己玩自己的就好。

為什麼意義感能夠有效凝聚人心呢？著名的德國思想家馬克斯·韋伯（Max Weber）說過一句極其揭示人性本質的話：「人是懸掛在自己編織的意義之網上的動物。」人性的深處需要意義的填充才能活得有意思，所以我們可以看到，所有人都會為自己的所作所為找到意義。認為一切沒有任何意義的人，要麼是憂鬱症患者，要麼已經離開了這個世界。

很多領導者都明白這個道理。在TED歷史上有一個影響非常大的演講，主講者是作家賽門·西奈克（Simon Sinek），叫做「偉大的領袖如何鼓動行為」（*How great leaders inspire action*）。

他提出了一個黃金圈法則，這個黃金圈是由三個圓環組成，從外向內分別是：是什麼（what）、怎麼做（how）、為什麼（why）。

而偉大的領導者會告訴大家，為什麼要做這件事，就是在強調意義感，最終影響更多的人。

所以我們在工作中，也要強調自己的工作意義感，那什麼樣的意義感才能滿足這個條件呢？

- 積極正向而且是利他的。
- 宏偉遠大最好沒有盡頭。
- 和你在做的事情有邏輯聯繫。

意義感首先是利他，不是為了自己，是為了幫助更多的人。其次就是遠大宏偉，很多公司的目標是上市，可是上市之後呢？很多公司上市之後業務就不再增長，就是因為其目標太短淺，實現之後，大家就沒有了動力。

另外，我們自己強調的意義感當然還要和我們的工作內容有關係，如果我們是做速食的，當然是為大家生活的健康和便捷努力。

明白了這些道理，我和那位學員一起明確他們工作的意義感。他是做母嬰品牌的，他們工作的意義是幫助新手媽媽們掌握科學有效的育兒知識，選擇有品質的產品，減輕媽媽們的負擔，養育健康快樂的寶寶。

他自己是非常認同這個價值觀的，從此他開始在面試和工作中反覆強調這個意義，至少現在他的同事們穩定了很多，工作熱情高漲了許多。

意義感是領導者一定要經常掛在嘴邊，並且身體力行做到的，這樣的意義感才具備生命力，能真正調動更多的人幫助我們。我們需要讓身邊的人參與到這份意義感，有實實在在的事情可做，這樣才能有參與感。

講一個故事，有一位女老師在寧夏山村教書，她太明白讀書的意義了，所以每天都向孩子們灌輸這些道理。可是有一天，班上十七個學生，十三個曠課，她終於爆發了，親自上山找學生。找到學生時，她問學生為什麼不來上學？被找到的學生回了一句話：「我曠課，又不耽誤妳講課，憑什麼抓我？」

這句話深深觸動了這位老師，學生們為什麼不來上課？是因為他們覺得我即使不來，老師也照樣講課，別的同學照樣聽課，學生們對課堂、對學校，絲毫沒有參與感。

明白這個道理後，她做了一件事，她任命全班十七個人全都成為幹部。比如早自習股長、遲到曠課記錄股長、桌面衛生股長等。然後，她在教室前貼著一張表，每個幹部在檢查完自己的工作後，都得在表上畫個勾。

從那天之後，曠課的人明顯變少了。因為每個學生都覺得班裡有事等著我做。這位女老師後來回到北京的民辦高中做班導師，她同樣給全班三十四個學生都任命了職務。三年後，這個班出了這所學校的第一批大學生。

所以如何調動身邊的同事甚至主管呢？除了為我們的工作編織一個大家都能夠認同的意義感，還要讓每一個人都能在其中扮演重要的角色，並且告訴他們，他們做的事情很重要。

我在大學時就有過這樣的參與感。當時我們學院籌辦元旦晚會，由一個能力很強的學姐總負責，在晚會開始前，她聚集所有的工作人員，做了一場演講。告訴我們，這將是我們人文學院有史以來最成功的一次元旦晚會，是我們大學最難忘的記憶，我們內心的熱情都被點燃了。

然後她給每一個人都發了幾頁紙，上面寫明我們每一個人的職責，告訴我們，今天晚會的勝利，需要我們每一個人在自己的職位上做到完美。

當時，我才讀大一，我的任務只是在後臺引導演員們上下臺，幫忙抬一下道具。但當時的我覺得在這個晚會中我很重要，晚會的成功和我的努力息息相關。如何調動身邊的人和我們一起持續努力？學會強調意義感，製造參與感。當我們的意義感越鮮明、越宏偉，當我們設計的任務越有參與感，就能調動越多的人幫助我們。

精準溝通，就是精準執行

有一次辦公室裡的兩位同事發生了一點衝突，當時的情況是，公司的官方帳號發布了一篇文章，閱讀量很高，有實現十萬以上的潛力。於是經營新媒體的負責人在工作群組裡找到負責公司品牌的同事，希望她幫忙安排公司同事們在朋友圈裡轉發這篇文章。

他在微信群組對品牌同事說，這篇文章的閱讀量在快速增長，可以的話麻煩幫忙安排一下銷售團隊轉發朋友圈。

然而，負責品牌推廣的同事回覆了一聲之後，就沒有了下文。兩天後負責經營的同事質問負責品牌同事，為什麼答應了卻不做？該同事說：「我是答應了啊，可是具體什麼時候發，配什麼文案發，你得找我確認呀！」負責經營的同事覺得不可理喻，說：「既然你都答應了，這些當然是你來提出需求，我盡力配合你呀！」於是兩個人爭吵了起來，來找我討公道。

這件事是誰的責任呢？兩個人都有責任，我首先把他們倆都批評了一通，強調了公司裡「手伸出百分之百，一切問題都能解決」的觀念，同事之間的工作配合，沒有絕對的公平，既然是我們的事情，就要主動推進，不能期待別人做得更多。

批評完之後，我把負責經營的同事留了下來，對他說：「你很棒，能夠主動調動資源，但是這件事你的責任更大，因為你是事情的發起者，就要有領導者的擔當。學會下達明確的指令，並且持續跟進，這樣其他同事才能有效幫助我們。」

很多人不是不願意調動身邊的同事，而是想到調動之後有可能讓自己受挫、讓同事煩惱，自然就不願意再給彼此添麻煩了。導致這個結果的根本原因就是不會精準溝通，沒有下達清晰的指令，沒有有效跟進，使得求助最終事與願違。

很多時候，我們在指揮同事時，存在很多的「臆想」，認為自己覺得重要的事情同事也會覺得重要；自己知道的資訊別人也應該知道，這些都是錯誤的想法。

每個人對同一件事的認知是不一樣的，掌握的資訊也不一樣。而且在工作上，大家都有自己的事，對別人交辦的任務，能投入的精力是有限的，很難思考得面面俱到。

正是因為這樣的資訊和重視度的不對等，當同事接收到我們的模糊指令時，就會下意識用自己熟悉或期望的資訊，自動彌補缺失的資訊，從而導致資訊的變形和失真，最終導致各種問題。

優秀的領導者都有化繁為簡、下達清晰有效指令的能力，讓同事們知道應該怎麼做，並且最終能做到。

講一個中國網路遊戲開發商巨人網絡的創辦人史玉柱的小故事。當年史玉柱開發「征途」這款遊戲，這是一款新遊戲，該怎麼賣呢？當時的網路遊戲還是韓國網路遊戲「傳奇」的天下。

標準主管的做法是，找來一群銷售員，並定下目標結合獎金，然後讓他們各顯其能。

這樣會有用嗎？史玉柱制定了一項策反的銷售策略。他找到一批銷售員，每天玩征途。他們的任務很簡單，就是找其他玩家聊天，說征途這款遊戲很好玩，把這款遊戲推薦給其他玩家。他招募了大量的全職以及兼職的銷售員，用這樣誰都能做到的方式，讓征途紅了起來。

我們身為主管，想要讓別人為我們做事，還要有好的結果，一定不能期待同事們個個都是責任心強、聰明伶俐的夥伴，更不能期待對方知道該怎麼做。而是要我們自己把任務講清楚、交代清楚，這樣才能收穫我們期待的結果。

想要管理好同事，我們至少要做到提供幫助、明確要求、持續跟進這三點。

提供幫助首先是一種認知，不管是對同事還是對部屬，包括對主管，我們合作的時候，一定要以幫助對方、減少對方麻煩的心態去行動。很多人認為管理別人，就是把自己的麻煩事丟給別人去做，這是完全錯誤的想法。

恰恰相反，管理別人不是麻煩別人，其實是麻煩自己。我們自己要做好更多的準備，付出更多的時間才能調動身邊的同事。

套用美國歷任總統甘迺迪（John F. Kennedy）的一句話：「不要問別人能為我們做什麼，要先問自己能為別人做什麼。」

我見過很多職場人士，與別人合作常常以一種「這件事很重要，你要上點心，剩下的就交給你了」的心態，結果就是對方感到無所適從，覺得你是在給他找麻煩，自然就心不甘情不願了。

這一點我很佩服劉傑輝。他有一個非常了不起的能力，就是凡事先麻煩自己，再麻煩別人。比如他的新書《搜索力》出版了，想邀請業界大咖們幫忙推薦，於是約他們一起吃飯。為了準備好這場飯局，他給自己製造了不少麻煩。

首先是給所有到場大咖提前簽好一本書，每個人的簽名贈語還不能一樣。還要考慮吃飯的地點、要考慮點什麼菜、帶什麼酒、請誰來作陪，以及他們答應推薦書之後用什麼推薦語、要誰來具體交接和執行⋯⋯。

這就是先麻煩自己再麻煩別人。幫對方多做一點，別人才能為我們多做一點。

其次就是明確要求。很多人求人幫助的時候會用些含糊的說法說：「就這樣吧，盡快吧，你懂的。」這樣做的結果就是對方不知道該怎樣，不知道什麼時候完成，也不懂你的心思。

在調度別人的時候，千萬不能怕麻煩，剛開始怕麻煩，後面只會更麻煩。正確的做法是要明確這三點：怎麼做、要做成什麼樣、什麼時間交。我這裡有一些技巧，在和同事協作的時候，我會問這樣幾個問題：

「你覺得這個工作可能會有什麼困難嗎？」

「這個工作做好了應該是怎樣的呢？」

「你大概什麼時候能完成呢？」

當我們追問工作中可能遇到的困難，就是在明確告知這件事具體應該怎麼做。根據我的經驗，那些想也不想就拍著胸脯說沒啥困難的同事，十有八九都不太靠得住，一定要繼續追問一下。

問清楚工作做好了應該是怎樣的，就是在結果上達成共識。當我問什麼時候完成時，我通常會說，這個太晚了，早一點吧！對方十有八九會說時間緊湊，任務重，沒辦法啊。然後我就讓步，說好吧，這就是最晚的時間了。最後就是要做到持續跟進。

任務傳達下去了，不要以為就諸事大吉了，過程的管控也是非常關鍵的。在工作的重要關鍵時刻我們要積極跟進，詢問進度。比如工作剛開始、完成一半和即將收尾時，這三個時間點都要主動問一問。

持續跟進時，如果只是一味催進度，就很容易給同事造成壓力，有兩個小技巧可以參考：

第一個是加入幽默的元素。我會錄製幾個自己出鏡的搞笑哏圖，比如強顏歡笑、我在盯著你呢、還不上工嗎？這樣的哏圖發過去效果會很好。

第二個小技巧是提供精準的幫助。比如知道對方在寫文章，我會提供一些好的素材，以達真正幫助到對方。

其實，當我們對自己的工作越認真的時候，別人對我們的工作也會越認真。要想率領別人幫助我們，我們就要較真一點，多麻煩自己一點，才能收穫真正的影響力，獲得期待的好結果。

每個領導者都有自己的團隊

聯想集團創始人柳傳志是中國資歷最老、成就最大的企業家之一，他的處世智慧和管理哲學對中國企業家群體影響深遠。關於管理，他最著名的理念就是提出聯想管理三要素：搭班子、定戰略、帶隊伍。

很多企業家，比如孫陶然表示，這九個字已經將企業管理的所有道理都囊括其中了。

在這九個字所講的三件事中，柳傳志將搭班子放在了第一位。他認為，所有偉大的企業之所以成功，一定是領導者背後有一個有戰鬥力、團結一致的班子，沒有一個好班子，擬定戰略和帶團隊都是空話。

事實上，我們今天看到的幾乎每一家成功的企業，在它們風光的創始人背後，都有一個團隊在支撐著他。比如馬雲有十八羅漢；零售服務的中文購物平臺美團的王興，有室友王慧文在內的十幾個人一直忠心追隨，他們創業六年，嘗試好幾次都失敗了，最終離開的只有兩個人，其中一個回了老家，另一個人自己創業，做出了一個叫做《今日頭條》的產品，那人叫張一鳴。

包括騰訊的創始人馬化騰、百度的創始人李彥宏、滴滴的創始人陳維等企業家，無一不是有一個自己的班子在支撐著他們。

強調搭班子，就是想說明一個道理——**每一個領導者背後，都有自己的團隊**。而搭班子不是等我們做了主管，或者是創業了才去考慮的，有一個自己的團隊，或者進入一個可靠的團隊，是每一個職場人士都需要去做的事情。

職業菁英研修班有一位學員阿濤，他講過讓他感到特別遺憾的一件事情：他們部門曾經來過一位同事，這位同事能力很強，也很上進，據說還和公司的大主管有點關係。這位同事在工作中會主動要求某些同事來配合自己，可是阿濤習慣了自己做，對這位同事的態度總是不冷不熱。

後來那位同事慢慢有了自己的圈子，沒過兩年就辭職了，還把那幾位和他親近的同事都帶走了。阿濤後來知道他們去創業了，現在發展很好，公司都要上市了。

阿濤一直很後悔，當時沒有和這位同事好好配合，其實他的能力比起被那位同事帶走的人要強上不少。

職場從來都不是崇尚單打獨鬥的地方，班子是我們可以彼此依靠、相互支撐的職場盟友。如果我們有自己的班子，就能在職場上獲得支持和助力；如果我們對班子不屑一顧，我們會浪費大量的時間和精力，做許多無效的社交。

一個好的團隊裡要有四種角色，明白了這四個角色，我們就能迅速構建或者融入一個圈子，大大提升我們在職場上的影響力。這四個角色是領導者、耳目、核心人物、潤滑劑。

先說領導者，領導者就是能夠把大家聚集起來的人，這樣的人可能是能力最強的、可能是抱負最大的、可能是最有擔當的、可能是最有奉獻精神的。每一個人都有成為領導者的可能，重要的是要有成就別人的心胸。

居魯士大帝（Cyrus the Great）是波斯帝國的締造者，是歷史上非常有名的一個大帝，在他還是少年的時候，他的父親就開始培養他，他的父親問：「讓別人服從你的最好方式是什麼？」

居魯士回答說：「最好的方式是獎勵服從者，懲罰拒絕者。」父親說：「這可能管用，但是如果是特別危險的情形呢？獎勵和懲罰可能都不管用了，而且如果你不在場呢？如果你沒法監督呢？獎勵和懲罰就很難管用了。」

父親接著說：「還有個更好的方法，那就是照顧好你管理的那些人，比照顧自己還要好，你把他們的需求放在你的需求之前。」

職場上，要尊重比我們強的同事，扶植比我們弱的同事，和我們相當的同事要跟他創造出最大效益。做到這幾點，我們就能成為領導者。

除了領導者，一個團隊還需要耳目。耳目就是消息靈通、對資訊敏感、善於交朋友的人。這樣的人能夠為團隊探聽外部的消息，收集更多的資源。

《水滸傳》中的一百零八將中，排名三十六的浪子燕青就是這樣的角色。燕青才貌雙全，多才多藝，交友甚廣，宋江最後被招安，能夠搭上李師師這條線，就是透過燕青做到的，可見他的交際之廣。相對外向，喜歡聊天交朋友的人，就可以擔當起團隊中這樣的角色。

其次就是核心人物，任何一個團隊都需要肯做事也能做事的人，這樣的人，能成為團隊的業務擔當。核心人物，是一個團隊的腰，核心人物的腰力無法發揮，組織就會變得沒有戰鬥力，團隊很可能就是一幫烏合之眾。

例如，《西遊記》裡的孫悟空就是團隊裡的業務負責人，降妖除魔全靠他。而核心員工最怕的是受委屈，覺得自己事做得最多，但是功勞卻要大家一起分。

而縱使你是團隊核心人物，也一定不要高估自己的貢獻，低估團隊的價值。

面對核心人物和團隊的其他成員，領導者要向他們表達更多的尊重和信任，這樣才能收穫核心負責人的忠誠，團隊才能穩定。

最後一個角色是潤滑劑，潤滑劑往往是團隊的氛圍調節者，能夠緩解團隊內部的衝突。他們往往是團隊的意見領袖、時尚達人。

你可以仔細觀察一下，誰經常介紹餐館給同事們、帶同事組團辦健身卡、飯桌上誰最喜歡講笑話、帶領大家玩遊戲，那就是潤滑劑的角色。團隊中比較幽默的同事或者開朗的女性，往往能扮演好這樣的角色。

所謂「一個好漢三個幫」。如果你是個天才，團隊能讓你的優勢放大很多倍；如果你和我一樣沒有天縱之資，就更要透過加入團隊放大自己的成功機率。

第 7 章

厲害主管的七字箴言

——抓大、放小、管七寸。

研究人員曾經做過一項調查，他們向企業的CEO們提了三個問題：你每天最重要的事情為何？你每天做什麼事最花時間？你在帶領團隊時，感到最困難的是？結果顯示，九〇％以上的答案都是決策。事實上，領導者最重要的事情就是做決策。所有領導者的主管地位，都是由一次次正確的決策積累起來的，可以說做決策的水準，就是當主管的水準。

一個企劃到底是做還是不做、同事的建議是聽還是不聽、新的情況出現怎麼調整、投入的資源是多一點還是少一點、任務怎麼分配，這些都是主管需要去思考和決定的。

做決策的水準，就是做領導者的水準

我們如何做出正確的決策呢？首先要明確兩點認知：

第一，生活中更多的是有限理性決策。

我們在購物時，面對同樣的商品，一個店鋪賣一百元，另一個店鋪賣九十元，這個時候我們會毫不猶豫買九十元的。這樣的決策，沒有人會覺得困難，因為這是完全理性決策，所有的因素都非常清晰，決策幾乎就等於做算術題。然而，現實中這樣的決策其實很少。

管理菁英進階班有一位學員，他在一家技術培訓學校被提拔為副院長，肩負起就業指導的工作。然而，就業指導團隊現在士氣低落，其中還有一個年紀大的主任，總是倚老賣老。這個時候是先替換團隊血液、建立制度明確獎懲，還是加強培訓提升業務能力？

對於不同的決定，同事們和院長的態度也是未知的，怎麼選、怎麼做，這些都沒有定論。我們生活中遇到的幾乎都是有限理性決策，無法獲得全面、準確的資訊，對可能的變化也無法預料。

很多人面對有限理性決策，很容易陷入糾結或者乾脆放棄。因為總有太多不確定性，所以總想確定更多資訊，於是就一直糾結不敢決策。想著反正怎麼做都難保正確，那就算了，聽天由命吧。

第二，決策的邏輯比決策的結果更重要。

假設現在有兩個遊戲讓你選擇，一個是硬幣遊戲，扔一次硬幣，正面朝上，你將獲得一百萬元；一個是骰子遊戲，擲一次骰子，如果是六點，你也能獲得一百萬。你會選擇哪一個？

當然是選擇硬幣遊戲了，硬幣遊戲成功的概率是二分之一，骰子遊戲的成功率只有六分之一。但是當你選擇硬幣遊戲之後，結果是反面朝上，你最終分文未得，這個結果能夠說明當初你的遊戲選錯了嗎？正確的決策一定能帶來正確的結果嗎？事實上並不是。

領導者想做好決策，要學會把決策過程和決策結果區分開來。決策過程中的邏輯，比決策的結果更重要。

我有一個朋友是位醫生，她的三叔被懷疑是肺癌，肺部拍片有個陰影結節，經過各種檢查，越查越像。唯一的問題是，最關鍵的穿刺活檢（needling biopsy）並沒有看到惡性癌症細胞，如果看到了，那就確診了。

這個時候，醫生給出了建議：因為臨床表現非常像惡性，為了避免漏診嚴重疾病，最好做一次開胸手術，切除帶有病灶的葉肺部組織，然後把整個病灶做完整的病理檢查，來明確診斷。

要做開胸手術，還要切掉一部分肺，這可是大手術。家裡人經過反覆考慮，最後還是決定開刀。手術做完，最終病理結果顯示不是癌症。也就是說，這手術等於白做了。朋友家人的心情可想而知，花了錢不說，做了這麼一個大手術，其實本來沒啥毛病。

於是，朋友的家人問這位朋友，是不是醫生有問題。朋友告訴他們，醫生的建議沒問題，他們做手術的決定也沒問題。沒病是好事，當下最需要做的，是讓三叔戒菸。

在資訊不完備、結果未知的情況下，我們需要理性思考。為了保障最好的結果而做正確的決策，就是正確的事情。至於最終的結果，並不能事後證明我們的決策正確與否。只要明白這個道理，便能讓我們在決策前更加認真和理性，還能讓我們在決策後避免後悔，減少情緒內耗。

明白了決策是有限理性的，決策的過程和決策的結果是分開的，我們在決策上需要做的，就是提升自己的決策水準。

東尼．羅賓斯（Tony Robbins）是美國一位非常知名的暢銷書作家和勵志大師，很多企業高階管理階層、知名運動員乃至政府高官，都接受過他的諮詢服務。比如，美國前總統柯林頓（Bill Clinton）、黛安娜王妃（Diana, Princess of Wales）都曾聘他為私人顧問。

羅賓斯曾經在《財星》（*Fortune*）中文網發表過一篇文章。在文章中，他介紹了說明他服務過的大人物們做決策的方法。我結合自己的管理經驗和思考，把他的羅賓斯決策六步法分享給你。

羅賓斯強調決策都是有限理性的，不要去追求所謂的完美決策，很多人追求做出完美決策，是希望盡量避免失敗。但是「唯一的失敗就是未能做出任何決策」。

羅賓斯決策六步法的第一步是讓結果明確。

我們不僅要寫下自己希望得到什麼樣的結果，以及為什麼自己想要這樣的結果，同時，我們還要寫下自己能接受的最壞的結果以及最壞結果發生後的打算。

很多人做決策，常常只是懷著一個美好而抽象的期待，根本不確定自己想要的結果。有一位學員找我諮詢，說希望能找主管談一下爭取加薪，當時我只問他一句：「你希望加薪多少呢？」

這個問題他根本就沒有想過。這樣去和主管談，結果就可想而知了。所以，明確描繪出期待的好結果，以及可以接受的壞結果是第一步。

第二步，更好的選擇來自於更多的選擇。

把為了實現結果，將有哪些可以選擇的企劃都寫下來，包括那些乍聽不太現實的。羅賓斯說：「只有一種企劃，意味著毫無選擇可言；兩種企劃，會讓你陷入兩難境地；三種企劃，才能讓你有選擇的餘地。不管你喜歡與否，把所有可選的企劃都寫下來。」

很多人的問題不是不會選擇，而是眼界太窄，不知道還有其他的辦法以及行動力太弱，不願意去探索更多的選項。

第三步，寫出每個企劃的優缺點——你能透過這些企劃獲得什麼，又要付出什麼樣的代價。

這一步其實是盡量將有限理性決策變成理性決策，把自己糾結的點呈現出來，讓自己能夠更加清晰的權衡利弊。

第四步，評估這些企劃，做出取捨。

羅賓斯強調可以透過問以下問題來完成企劃評估。這些問題包括：這個企劃會給預期結果帶來什麼樣的影響？企劃的優缺點對於實現結果有多重要？有利或不利的影響發生的概率有多大？實際執行時，會產生哪些情感或利益的結果？

第五步，評估剩餘企劃。

主要看它們的不良後果，然後思考有沒有辦法可以減輕不良後果的影響。這一步又會淘汰掉一些企劃。

第六步，盯準還剩下的那個企劃，然後下定決心，不再搖擺。

「要堅信，不管發生什麼，這個企劃都會讓你旗開得勝。設計實施計畫，然後盡最大努力去實施」。

羅賓斯說，一定要敢於做出決策，然後在行動的過程中考慮如何調整方法，而不是在決策面前猶豫不決，不斷推遲行動。

其實，決策並沒有那麼難，只要認清了決策的本質，明確描繪出期待的結果，深度思考各種可能的企劃，堅決執行最終企劃，結果一定會讓我們驚喜。而且，長期來看，比起追求一次決策的成功，掌握正確決策的邏輯對我們的意義更大！

不同的階段，有不同的帶法

有一次同幾位朋友結伴旅行，去一個偏僻的景區，恰好路上遇上塞車，在一條小路上被堵得死死的，等到交通警察來要到猴年馬月了。這個時候，我們當中有一位記者的朋友出去轉了一圈，就找來了兩個幫手，一個是體格健碩的大哥，一個是附近村子的年輕人。他們三個開始指揮要大家挪車，不到半小時，路就通了。對此我們都嘆為觀止。

事後，他笑著分析說，誰都不想在這裡浪費時間，一號召就會有人願意幫忙，找體格健碩的，是武力威懾；找當地人，是人情威懾，這樣說話才有分量。

什麼樣的人有率領的能力？像這樣懂得識人用人，讓團隊一加一大於二的人，就具備這能力。後來他果然一路升職加薪，現在已經是電視臺的主管了。

很多新晉主管會請我做他們的私人管理教練。

我發現他們當中，最普遍的問題就是不會用人。很多業務能手，自己埋頭可以把事情做得很好，可當了主管，哪怕是基層主管，工作效果就差了很多。關鍵原因就是不會用人。他們最容易犯的錯誤就是以己度人，理所當然把別人當作自己去用，結果就是抱怨部屬不上進、能力不行，對部屬心生怨念，甚至開始暗暗較勁。

曾經有一位做高階主管的朋友跟我講過他當管理者的心法。他說管理者就是排兵布陣，把能調動的每一個兵整合起來，讓集體大於個體之和。

怎麼整合呢？說實話，這是非常考驗主管水準的事情，我也不敢說有多麼深刻的見解，這裡分享一些基本的思路與方法。

首先就是要分析我們可以調動的人，可以考慮的因素很多，比如，任務目標、對方的能力、性格、意願度、對方的發展規畫，甚至還要考慮部屬之間的關係等。

介紹一個最基本的人員管理方法。美國著名的商業領袖、當代管理大師，也是情景主管理論創始人之一的肯・布蘭佳（Ken Blanchard），把「不同情境，不同管理」的方法論稱作情境領導（Situational Leadership）。他認為，同一個員工，面對同一項任務，因為意願的高低不同和能力的強弱不同，就會產生四種情境：

D1，熱心的生手。剛接手一項新任務的員工，通常意願高，很想做事，但是能力弱。

D2，疲憊中的學習者。工作了一段時間，能力有提升，但未達到勝任的程度，員工開始倦怠甚至沮喪。這時，他的工作意願降低，能力在較弱和一般之間。

D3，做事能幹謹慎的執行者。員工繼續進步，有了較好的工作能力，但信心還不穩定。這時，員工的意願不定，能力中等到強。

D4，獨立自主的完成者。當員工終於可以完全勝任工作，很興奮，這時，他們的意願最高，能力最強。

布蘭佳說，員工的情境，通常是從D1到D4不斷演化的。情境領導的第一步是識別員工所處的情境，第二步是運用這個情境的領導方法。

管理菁英進階班一位學員阿樂，過去兩年帶著幾個夥伴一起在公司內部創業發展新專案，現在明顯感到團隊有點帶不動了，讓我們幫他分析自己的部屬。

其中部屬A入職一年，工作能力有不少提升，但明顯不如剛進公司時有激情。

阿樂經常找她談話，並試著讓她獨立負責一件工作，用責任喚醒激情，然而部屬A居然把事情搞砸了，結果最近情緒更低落了。

另一名部屬B兼具激情和能力，什麼都做得很好，但喜歡自作主張，不和阿樂商量。阿樂很惱火，責令部屬B必須稟報重大事項。但什麼是重大事項？他們倆對此沒有達成一致。阿樂很不滿，但他知道過於苛責，部屬B可能就離職了。

阿樂的問題在於對自己的手下缺乏了解，用布蘭佳的理論分析，就是不知道自己的部屬處於哪一個情景，用了錯誤的應對方式，結果適得其反。

美國著名投資家華倫・巴菲特（Warren Buffett）的黃金搭檔查理・芒格（Charlie Munger）說過，當我們手上只有錘子的時候，看什麼問題都是釘子。當我們分不清團隊成員的情景的時候，我們就會一招鮮吃遍天（按：擁有某一特長，可到處謀生；有時也表示專注於某一特定技能的發展，取得令人矚目的成果；也可指慣用伎倆，陳舊不知變通）。

當知道員工處於哪個情境，他是釘子，我們用錘子；他是螺絲，我們就用改用螺絲起子。

布蘭佳提出，主管的工具箱裡有四把管理工具：S 1指令、S 2教練、S 3支援、S 4授權，可以分別在D 1、D 2、D 3和D 4階段使用。

對於D 1熱心的生手，應該用S 1指令。

主管應肯定員工的熱情，但在工作上，盡量給出明確的目標，制定好工作的標準，說明工作範圍、權限和責任，以及期待得到什麼樣的回饋，並讓他明確了解，一切決定要向我們請示，一句話：「我決定。」

對熱心的生手，可以用培訓界最經典的培訓方法，總結起來就是四句口訣：我說你聽；你說我聽；我做你看；你做我看。

先試試口頭指導，這一步的關鍵是交代到位；然後是第二步，詢問新人自己的理解和行動計畫；第三步是我們親自示範，把怎麼做給他演示一遍；最後一步就是讓新手自己動手實踐，我們在一旁再進行指導。

對於D 2疲憊中的學習者，也就是部屬A的狀況，應該用S 2教練。

主管應經常給員工積極的回饋，允許犯錯，表揚進步，失敗一起分析原因，鼓勵員工多思考、自主提出企劃，允許他參與討論和決策流程，但依然由主管做決策。一句話：「我們討論，我決定。」

這裡有一個小工具叫GROW模型，能夠幫助我們激發這樣的同事，讓他們知道該做什麼，G指的是目標（goal）；R指的是現狀（reality）；O指的是選擇（options）；W指的是意願（will）。

先和同事聊清楚目標，再和同事探討現狀的難點和可行的企劃，第三步就是篩選各種企劃，最後選定企劃後激勵對方，提升對方自己去解決問題的意願。

針對D3能幹謹慎的執行者，應該用S3支持。

員工已具備了很強的能力，主管要盡量成為平易近人的良師益友，幫助其樹立信心，認可其高超的能力，和員工一起討論問題，鼓勵他做最終的決定，訓練他對決定的結果負責。一句話：「我們討論，你決定。」

這時候主管一定要拋棄「放著，我來」的衝動，多問對方：「我有什麼可以幫助你的嗎？」

對於D4獨立自主的完成者，也就是部屬B的狀況，應該用S4授權。

這個階段，員工的能力和意願都不是問題了，B已成為公司的核心人物，很多問題其實都來自於主管自己的失落，希望部屬永遠聽自己的，總覺得部屬離不開自己，不如自己。

這時，主管要懂得給員工自主權、信賴和由衷的感謝，在對結果負責的前提下，充分授權，一句話：「你決定。」

再回到阿樂的管理難題，他的問題是用同一種方法——S3支援，管理部屬A的D2情境，和部屬B的D4情境，結果兩位部屬都感到無所適從。

布蘭佳調查過，七〇%以上的主管都只會用一種的管理方法，用過三種管理方法的人數不足一%。對團隊中不同的人，我們要學會用不同的管理方法，這樣才能激發團隊每一個人的潛力，這是主管的責任。

做領導的七字箴言：抓大、放小、管七寸

我們想像中厲害的管理者，都是運籌帷幄，決勝千里之外的，不用衝鋒陷陣，就能提前謀劃好一切，讓一切盡在掌握之中。然而，這只是美好的幻想而已。

英國著名的思想家、政治哲學家洛克（John Locke）說過：「沒有有效的監督，就不會有滿意的結果。」明智的主管會利用監督這把利劍，促使組織成員既有緊迫感，又滿懷熱情的投入到工作中——這就是著名的洛克忠告。

任何組織和團隊都不能缺少監管，這也是為什麼軍隊裡有憲兵、黨派內有紀委、政府中有檢察院的緣故。

管理菁英進階班有一位非常優秀的學員，他在一家專門建造電梯的國營企業工作，擔任過亞洲某國總統府的電梯改造總負責人，現在常駐杜拜，負責高層建築的電梯施工。

他們公司有前期的考察、企劃設計、投標等一系列動作，最終拿下專案之後，就需要他這樣的專案總負責人監管。雖然前期企劃明確解決預算、進度、人員、物資等一系列問題，但來到現場，一旦施工正式啟動，又會出現各種問題。這位學員的工作就是解決施工過程中遇到的各種問題，進行過程管控。

工作中即使我們的決策再正確、任務分配再合理、團隊成員再給力，專案進展過程中，也一定會有各種問題，所以我們需要過程的管控。

很多主管沒意識到過程管控的重要性，他們會說：「我不關心過程，只在乎結果。」期待部屬們各顯神通，最終交出好結果，然而，這種做法只會讓團隊渙散。

主管也會感到更痛苦，因為他發現，自己一管就死，一放就亂。自己認真管了，部屬反而沒有積極性了，工作全是自己一手包辦，部屬死氣沉沉；但是放手吧，部屬又自作主張，全亂了套。

很多人不願意調度同事也帶不好團隊，就是因為在管理過程中有一種無力感，彷彿拳頭打在棉花上，自己的渾身力氣根本用不上。

其實，過程管理並沒有那麼複雜，明白了過程管理的七字箴言：抓大、放小、管七寸（按：源自俗語「打蛇打七寸」，七寸指事物的關鍵點），我們就掌握了管理的精髓。

抓大，指的是只管大事，什麼是大事？主管工作中通常這些是大事：

一、能影響到核心目標能否完成的任務執行情況。

二、關鍵的動作或者專案的啟動和結束。

三、費用開支。

四、人員的選拔和更迭。

五、員工的考核及團隊的績效分配。

以上五件事，是主管推動一個專案時應該親自把控的事情，否則管理就會失控。怎麼抓呢？絕對不是要我們親自去做，而是要把知情權和決定權抓在我們自己手上，讓團隊成員及時向我們報告，我們來做關鍵的決策。

再說放小，就是能夠把那些不是核心的、不是關鍵的事情放出去。

關於放小，首先我們要知道什麼算「小」。那些財務預算中的、工作流程裡的、計畫內的事情，都是小事。這些小事，我們都不用去過問，過問越多，自己的工作越累，團隊成員的工作反而越消極。

一些主管在管理中一點小事都不放過。我見過一個主管，辦公室裝修時，他連部屬買什麼顏色的椅子都要管，這些交給部屬自行決策就可以了。

那放小怎麼放呢？放也有一個過程，不是說我們不聞不問。確實有可能團隊中的成員自己沒信心，拿不定主意，這個時候我們可以先放決定權，多問問部屬：「你覺得呢？」引導讓他交出企劃，並且支持他就好。

關於「放」，我們還要留兩手，一是備份制，另一個是追責制。對於一些比較重要或者複雜的任務，你可以讓團隊成員放手去做，但是有一個要求，讓他把前期的企劃以及執行的流程記錄下來，每週發送給你，備份這些企劃和關鍵流程。

很多主管不會過問具體的工作，但是會要求會議紀錄和成員的週報必須抄送給他，這就是一種備份制。這樣我們並沒有直接干涉團隊成員的決策，也沒有介入他們的執行，但是透過這樣備案的方式，我們能讓成員們更加謹慎，也能及時掌握資訊，防範風險。

其次就是追責制，一些權力可以放出去，但如果事後出了問題，追責的流程，我們還是要抓住。追責的目的不是為了把事情沒辦好的責任推給成員，成員所有的錯誤，我們作為主管都要負主要責任。而是要透過事後分析，幫助部屬了解問題發生的原因、應該怎麼應對、要吸取哪些經驗。

做到了抓大放小，第三個就是要能夠管七寸。管七寸，指的是管理者能夠抓住核心細節，根據核心細節的情況，看到部屬任務的完成品質和完成進度。

微軟（Microsoft）前任CEO史蒂夫．鮑爾默（Steve Ballmer），是管七寸的典型範例——有一次，他聆聽各國CEO的年度會報。巨大的螢幕上，每一頁都是密密麻麻的業務資料。數學系畢業的他雖然平時抓大放小，不參與各國分公司的管理，但會利用聽報告的方式來管七寸。

他突然說：「停，你翻到前面，這一頁的這個數字，和那一頁的那個數字，是矛盾的，請你解釋一下。」該名CEO瞠目結舌，答不上來。史蒂夫說：「你根本不懂業務。」當場就把他解僱了。這就是管七寸。

我有一位朋友，她是一家休閒小遊戲公司的市場總監，手下管著美術、運營、測試、發行四個團隊，共十幾人。一個人要管理四個團隊，該怎麼管理呢？她會抓住核心細節，那就是抓資料。

她們做的休閒小遊戲的海外發行和運營，須花錢把遊戲投放到谷歌（Google）上購買流量，用戶進入遊戲中看到其他的廣告就會為她們帶來收益。

她每天來到公司的第一件事，就是把負責發行的部屬叫到辦公室，看昨天公司購買的管道費用是多少、哪款遊戲帶來了多少收入，這就叫做抓住核心業務。她每天關注資料，就像坐進駕駛艙裡看著儀錶盤上的刻度表一樣，時刻知道團隊運行的狀態。

我曾經和劉傑輝討論過一個問題：主管到底是要具備更大的格局、更廣闊的視野，還是要對業務細節把控更深入？

我們討論的結果是，主管要上能畫藍圖，下能看細節。眼裡要有行業趨勢、年度目標，也要能夠區分部屬業務細節完成的進度和好壞。

站在管理的角度，公司最高的領導者，都會深入一線，了解具體的工作，起到監督和指導的作用，確保過程順利。而好的領導者，則一定要深諳業務的本質，懂得抓大、放小、管七寸。

與其畏懼衝突，不如處理好衝突

身為管理者，我們帶領團隊的過程中，一定會遇到團隊內部的各種衝突，比如人際關係上的衝突。有些同事之間因為性格、行為習慣等原因相互不合；工作中有些同事可能比較完美主義，對別人的工作特別挑剔，甚至會說些刻薄話；或者有時候因為一方壓力大，沒有控制住情緒，說話失了分寸而產生衝突。

我親眼見過一位同事急匆匆準備去開會，另一位同事問他一個專案情況，他脫口而出：「哎呀，你笨死了，什麼都不知道。」結果兩人就吵了起來。

再比如業務分工帶來的衝突。例如公司前端銷售和後端運營的衝突：銷售為了促單，對客戶許下各種承諾，營運就要咬牙盡量滿足對客戶的需求；產品經理為了使用者體驗提出新的企劃，工程師可能就會說沒排期、設計師說做不了。這些都是業務分工導致的衝突。

過去我們面對團隊內部的衝突，常常選擇的應對方法是覺得衝突還不至於那麼嚴重，像感冒一樣，忍忍也就過去了，選擇視而不見。到了不得不站出來調解時，有的主管也只不分青紅皂白各打五十大板。

管理菁英進階班有一位學員，她在幼稚園做教學主管。她們的園長是一個很有教育情懷的專家，但是對部屬過於寬容，有的外籍教師傲慢跋扈，她請其他老師們理解；有的本地教師怠忽職守，她還是請其他老師們理解。這位園長不願意直面團隊內部的衝突，最終導致幼稚園人心渙散，優秀的人才慢慢離開。

同事之間的衝突，讓團隊的管理亮起了警示燈，是主管反思自己、優化管理制度的契機。然而這位園長迴避了小衝突，導致組織面臨了更大的問題。

最近十幾年，管理學界對組織內部衝突的認知有一個明顯的轉變。衝突在過去被認為是一件壞事，因為它們意味著破壞和不穩定，所以主管盡力避免組織內部出現衝突。

但是最近的學者們漸漸發現，在任何團隊或組織中，要完全消除衝突是不可能的，也是不必要的，適度的衝突會給組織帶來一定的活力，還能增加主管對團隊的掌控力。

我們如何面對衝突呢？衝突產生的源頭，要麼是人的問題，要麼是事的問題。

如果是人的問題，兩個同事之間在暗暗較勁，出現了組織內耗，影響了團隊的氛圍和效率，這時我們作為主管，要及時介入。

由人導致的衝突有兩種：一種是利益，另一種是性格。我經常遇到學員說自己不服某個同事，覺得自己做的事最多，拿的錢卻最少，有同事沒做什麼事卻被評比為優秀，很不服氣。或者兩個同事之間都想爭取晉升機會能夠被提拔。

這樣因為利益而產生的衝突，主管要記住六個字「做增量，給好處」。處理這樣的利益之爭，千萬不要想著「不患寡而患不均，在部屬中搞平均」，這樣做沒有一個人會滿意。

正確的做法是做增量，給不服的人機會，讓他去挑戰新任務，創造新的價值，同時別忘了要給一些好處，把手中掌握著的一些資源拿出來，投入到分配當中。要從分蛋糕的模式中，轉變到令其主動參與做蛋糕。

如果部屬之間的衝突不是因為利益，主要是因為性格習慣等，這個時候基本的方法就是先努力和解，和解失敗後再分割。

我舉一個故事為例：專案小組四個人一起配合，專案剛開始時大家相安無事，合作一段時間以後，小彭覺得曉飛總是頤指氣使，對別人的意見總是沒耐心，而且經常喜歡搶功勞，這讓小彭很看不慣。兩人開始較勁，甚至在會議上相互鬥嘴。

組長了解清楚情況後，首先把他們兩個一起叫到辦公室，引導他們說出對彼此的感受，出面進行調解。這樣的面對面溝通，讓他們彼此都從側面看到了自己的問題，對彼此態度都有所改善。

多數情況下，不涉及太大利益的人際關係衝突，如果主管能出面調解，問題常常都能化解。如果出面調解後依然還是有矛盾，那就要果斷分割了，要麼讓其中一人轉職離開，要麼就開除一個人。

管理菁英進階班學員阿成在一家二手車公司做大區負責人。他手下有兩個區域經理，一直有嫌隙，阿成有決定人員去留的權力，我建議他盡快開除其中一個。

但阿成管理經驗不足，選擇先留下兩位經理，他甚至輪流請他們吃飯進行調解，此外還做了很多事情，比如，組員互換、把資源劃在公海裡、說服大家按月劃分有效資源等。這些做法實施起來都不容易，折騰了兩個月，最終，以其中一個區域經理帶著團隊集體跳槽而告終。

面對團隊的衝突，我們的原則是維護團隊整體的利益最大化。如果是事務上的衝突反而容易解決，做到兩步就好，第一步是衝突對話，明確了解衝突點；第二步引入協力者進行評判。

什麼是衝突對話？就是針對分歧，讓大家充分表達，明確提出各自的主張。比如，有學生最近糾結於如何安排他的婚禮，這對準新人已經為這事吵了好幾次。我用衝突對話的方式幫助他們解決問題，先讓男生考慮一下他是怎麼看待婚禮這件事的、他可以接受的婚禮是什麼樣的，試著讓他拿出幾個自己可以接受的婚禮企劃。

男生表達清楚後，女生也按照這個方式來一遍。然後將雙方的企劃放到一起，就能找到雙方都滿意的企劃了。

衝突中的雙方如果還是無法達成一致，就可以引入協力者評判。比如，在汽車研發過程中，不同部門之間經常產生衝突。例如，設計師提出的企劃會被工程師拒絕，因為雙方的訴求點不一樣。設計師為了好看，而工程師可能要考慮性能。

因此，大眾汽車就引入了用戶參與機制，讓潛在的購買者來評判，誰可以在衝突中獲勝。這麼做的好處就在於，衝突一下子變成了雙方和用戶三者之間的矛盾，而且沒有人會不把用戶的意見當一回事。這就避免了衝突在內部升級。

當我們在工作中遇到衝突，常常會請主管出馬或者請專家幫忙分析，其實都是引入協力者評判。

在帶領團隊的過程中，我們一定不要被其樂融融的氛圍所蒙蔽，團隊需要的不是闔家歡樂，需要的是戰鬥力。而團隊內部的衝突，就是活力與戰鬥力的證明。面對衝突，處理好衝突，是管理者的重要責任。

第 8 章

怎麼跟老闆談升遷與加薪？

——你得說三個長、兩個短。

主管比自己還年輕，是多數職場人士感到苦悶的事情之一。畢竟職場上，評判我們成敗的是薪水和職級。上級比我們還年輕，說明我們成長的速度已經落後於同齡人了。

提升個人在組織中的能見度，實現隱性晉升

很多人工作多年始終在基層，原因可能有很多，比如，不知怎麼高效工作、不清楚怎麼和主管相處、不知道怎麼調動資源、也可能是頻繁跳槽，結果卻是越跳越糟等。

為什麼我們沒有得到與自己期待相匹配的職位和薪水呢？從根本上來說，是因為我們沒有理解職場上升職加薪的底層邏輯。

簡單來說，升職加薪要滿足出色的業績、職場領導力、職場能見度三個要素。前兩個要素，已於本書前面為大家講述了，現在我們需要關注自己的職場能見度，為我們的升職加薪踢好最後臨門一腳。

職業菁英研修班有一位學員佳佳，她任教於一家英語培訓機構，工作三年多了，業績一直不錯。最近公司恰好空出教務主管的位置，她覺得自己完全有資格做這個主管，於是私下找到大主管，表示希望能夠升職帶領團隊。

大主管聽了佳佳的想法，先是稱讚了佳佳的努力和上進，但是也表示佳佳較欠缺領導能力，還需要多培養。佳佳很不服氣，來問我這是為什麼。

其實，佳佳首先就犯了一個錯誤——她越過自己的直屬主管直接去找大主管談升職。佳佳想當然認為，升職加薪是公司大主管一個人說了算的，只要搞定大主管就行了。然而，事實並沒有那麼簡單，決定我們升職加薪的角色有三個：決策者、評估者、影響者。

決策者一般是部門的總負責人、公司的老闆或CEO；評估者是直屬主管，管理規範的公司人力資源負責人也有評估權；影響者是與我們平級的同事。

升職加薪的決策雖然最終是由大主管做出的，但一定是由直屬主管同意，並且同事們心服口服最終才能實現。如果我們的能力不能被廣泛認可，並得到大家的公認，主管就會擔心「晉升一個人，疏遠所有人」的事情發生。

所以，組織能見度非常重要，這是決定我們能否最終升職加薪的關鍵。什麼是組織能見度？就是我們在整個組織裡的影響力和口碑。

很多員工，我稱之為職場老黃牛。工作兢兢業業，結果到頭來工作了好幾年，大老闆連他們的名字都不知道，同事對他們也非常陌生。如果是這樣，這群人的組織存在感就太低了，基本上和晉升絕緣。

而那些組織存在感高的人，我們也不要誤解。他們未必有百分百的好口碑，然而能力被大家認可，處事方式被大家接受，大家知道與他們合作風險和成本都很低，這樣的同事才是升職加薪的首選。

如何提升我們的組織能見度呢？有兩個方法，一個是於組織內做頭部；另一個是組織外造名聲。

頭部簡單來說就是「最」，最早、最大、最紅，都算是頭部，只要是頭部，自然而然能吸引目光，獲得更多的關注。米老鼠可以算是最早的卡通形象，所以經久不衰；金字塔幾千年來都是世界上最高大的建築，所以代表著人類早期文明，吸引著全世界的遊客；甚至流行文化中的鋼鐵人也因為是最紅的超級英雄，所以在漫威宇宙裡一直很受歡迎，這就是頭部效應。

利用這個效應，我們在工作中也可以爭取成為頭部，成為團隊裡最早或者最好的那個人，這樣我們就能具備更大的曝光度和影響力。

我們個人發展學會有位產品經理，她剛加入公司的時候，公司只有十二個人。那個時候，她還是個讀大四的學生，但她是第一個轉正的實習生、是公司第一個職業輔導師、第一個Podcast節目的產品經理，她雖然比後加入的員工年齡都小，但一直是幾個重大業務板塊的第一人。

這些「第一」，就讓她在公司中成為最有話語權的員工之一。如果你是第一個開始做公司某個專案的人、你是能夠把某件事做得最好的人、你是能夠調動最多資源的人，這些公司裡的「最」一旦被你搶到，你就會顯得實力出眾。

所以，我們在工作中很有必要第一個報名、第一個參加、第一個發起，總之想辦法積極主動參與到公司的活動和專案中。

除了爭第一，還可以爭最好，比如，你是公司文案寫得最好的，ＰＰＴ做得最好，經營社群、演講等做得最好的人，讓別人知道你有一門拿手的本領，也會讓你顯得格外有實力，能夠提升組織能見度。

除了在組織內爭取成為頭部，**在組織外營造個人的名聲也是非常有效的方法。**脫口秀主持人高曉松在他的節目裡，講過甘迺迪總統和夫人賈桂琳（Jacqueline Kennedy Onassis）的一段祕聞。甘迺迪其實是一個浪蕩公子，結婚後對自己的妻子賈桂琳並不怎麼在意，成為總統後對她更是愛搭不理。

賈桂琳無奈一個人出遊歐洲，卻在歐洲掀起了時尚熱潮，成為全世界的焦點。看到新聞後，甘迺迪這才開始重視自己的妻子，意識到妻子可以幫助自己展示他年輕化和國際化的政治形象。

正是從賈桂琳開始，美國才有了「第一夫人」的稱號，並且開始具備非凡的影響力，這除了賈桂琳自己的努力，背後肯定少不了甘迺迪總統的有意推動。

有時候自己看不見自己的價值，透過外部的輿論，反而能增加我們在組織內部的影響力。所以，對於職場人士來說，積攢行業人脈和口碑，是非常重要的。

想想如果你是老闆，你看到自己的部屬沒沒無聞，離開自己的公司都不一定找得到工作，你會特別重視這樣的部屬嗎？可是有一種部屬，在行業裡人脈眾多，而且口碑良好，很多公司都打算挖角他，你會不會對這樣的部屬另眼相待呢？這是人性使然，我們需要理解和尊重，並且要為我們所運用。

在這個時代，積累行業人脈和影響力還是相當容易。如果你是程式設計師，多上類似於GitHub（按：透過分散式版本控制軟體〔Git〕，進行版本控制的軟體原始碼代管服務平臺）這種論壇，認識業界高手，發表作品；如果你是一個產品經理，試著自己經營私人帳號，分享作品、心得；如果你是HR，多參加一些你們所在行業的論壇、峰會，既可以讓你認識更多的人，也可以提升你的專業知識。

線上的論壇、課程、社群，線下的行業峰會、培訓、聚會等有很多，這些都是我們拓展人脈和積累口碑的好方法。我的建議是，每一個季度選擇這些活動去參加一次就好，每次認識兩至五個聊得來的朋友就行，也不用太頻繁、太刻意。

對於任何職場人士來說，千萬不要把公司當作自己的唯一，要記住，你只是公司的「之一」。我不鼓勵過度跳槽或者身在曹營心在漢，更不要成為只是給自己履歷鍍金的投機者。

但擴大我們的外部影響力，既可以反過來提升我們在公司內的價值，也可以幫助我們找到新的機會。

《論語》裡有一句話，叫「施於有政，是亦為政」，說的是雖然不在那個位置上，但依然有影響政治的力量。如果我們在一個職位上，展示足夠價值，具備充分的影響力，那麼，我們暫時是不是被叫做經理或者總監，其實沒有那麼重要。

我把這種狀態叫做隱性晉升，主管在做決策時會徵詢我們的意見；同事們在工作中會信賴我們的決定；公司的資源會向我們傾斜，做到這一步，升職加薪是早晚的事。

提現信用資產，釋放影響力

很多職場人士認為，努力幹活主管就會看到，升職加薪是自然而然的事情。主動要求升職加薪是在給主管找麻煩，萬一被拒絕反而會破壞和主管之間的關係，影響未來的發展。因此，很多職場人士不願意向主管明確表達自己渴望升職加薪的意願，更別說主動去提升職加薪。

然而，這樣的想法是錯的。事實上，大多數公司都沒有完善的加薪制度，普遍的做法是員工多做一年薪資漲五百至一千元。即使是有完善加薪制度的公司，給部屬每年的漲薪幅度也就在一〇%至三〇%之間。

但是，一個優秀的職場人士，一年成長的速度不會低於五〇%，基本上我們努力工作一、兩年，薪資就趕不上我們的價值了。

而且公司的制度本身就是針對大多數人，就像學校裡的學習進度照顧的是大多數成績一般的學生，優異的學生反而會被大家扯後腿。職場上要想彎道超車，就要更加積極主動爭取升職加薪的機會。

但凡開明的主管，不會反感部屬表達對升職加薪的渴望，甚至是提出明確要求。我自己做管理多年，有人過來談加薪意味著三個信號：他有事業心，這是好事；他願意為組織創造更多的價值，這也是好事；他願意跟我溝通，表示他有話直說，信任組織能解決，總比私下有怨氣好，這依然是好事。

而且從個人的角度來講，提出升職加薪的需求，是檢驗我們的主管是否可靠，觀察公司文化與制度是否健全，是否值得繼續跟隨的試金石。如果主管忽視我們的利益，或者給出的承諾最終沒有兌現，那麼我們就應該及時止損，盡快為自己謀求更好的職業機會。

找主管聊升職加薪當然不是簡單粗魯的問：「主管，我何時才能升職加薪？」這樣做不是良性的溝通，而是在粗暴索取。

良性的溝通升職加薪可以分為三步：

第一步，談自己的工作表現，和主管達成共識。

我們要明白一個根本邏輯：升職加薪首先是對我們過去工作成績的肯定，其次是對將來表現的投資。晉升一個員工，意味著公司馬上就要付出更高的薪資成本，這種成本，如果不能由這個員工在未來為公司創造更多的價值來抵消，對於企業來說，就等於增加了經營風險。所以談加薪，要亮明自己的成績，展示自己的潛能，獲得主管的認可。

工作表現怎麼聊呢？約時間和主管私下聊聊，表示想報告一下自己最近的工作總結和苦惱，正常的主管是不會拒絕這樣的溝通的。

溝通時有一個小技巧，**可以用「三長兩短」來闡述自己的工作表現，三長指的**

是自己的三個長處，透過客觀的事實和資料，展示三個主管會在乎的、能夠幫助我們晉升的關鍵品質或者能力。

比如：「這一次送書活動從策畫到實施，最終十天內圓滿實現銷售一千套的目標，我覺得自己在行銷策畫以及內部同事的分工協調，還有公司外部流量資源的整合這一塊，都有很大的突破。」

兩短指的是自己還可以改進的短處，展現自己的謙虛態度以及上進心，避免讓主管覺得我們驕傲自滿。當然，這個短處一定不是影響我們晉升的關鍵能力，而是大而化之的缺點，比如，還不夠細心、對同事的激勵還缺乏經驗和技巧等。

之所以長處要多於短處，是要在主管面前展示自己的高潛力，而不是讓主管過於關注我們的短處，這個技巧有趣、好用，經常這樣和主管溝通，報告我們的工作，你就會發現它的巨大價值。

先聊工作表現，我們能看到主管對我們的態度，如果主管態度積極，認可我們的工作表現，我們就有了開口談加薪的基礎；如果主管態度一般，不認可我們的成績，我們就可以暫時緩一緩，先在工作業績上讓彼此達成一致。

第二步，明確了解公司的加薪標準或者條件。

我們在聊完自己的表現，並且主管也認可之後，就可以和主管聊一聊公司升職加薪的標準了。正常情況下，公司都會有員工加薪的基本標準，雖然這個標準可能會比較模糊，但越是模糊，越有和主管聊的必要。

這些標準可能包括工作年限、業績指標、執業證書、完成的培訓、內部評估等。可以嘗試用這樣的問題和主管溝通：「主管，我們公司過去是依據什麼給同事升職加薪的呢？我這個職位，如果要晉升，需要滿足什麼要求呢？」

問出標準之後，就有了判斷的依據，我們可以根據這個標準自我評估，看看哪些可以自己覆核，哪些暫時不足，因此也就有了和主管進一步談判的依據。

正常情況下到了這一步，大多數主管都已經明白我們的意思，基本上不需要我們再開口說自己是否能加薪了，多數主管就會幫我們分析，現在的我們是否滿足要求，做到了哪些，還需要做到哪些。

這樣一來，我們就將主管拉到了我們這邊，我們不需要說服主管，他反而會主動幫助我們滿足這個標準。

第三步，談自己的期待和計畫，帶領主管想像未來。

既然升職加薪是組織對我們的投資，我們就要考慮為組織創造更大的價值。很多人會說，「我有價值，是因為我把現在的工作做得很好」。但把你的自身業務做得再好，也只是你現有薪資範圍內的些許上調。

真正的升職加薪，還需要有更多的創造未來價值的證據。我們不可能只是做著原來的工作，卻拿著更高的薪水，正常的公司都不會讓這種事情發生。

所以我們談加薪的時候，不是怨婦心態式的「我待了這麼久，為這裡付出了這麼多，我應該多拿點」；也不是「如果不加薪，有多少公司等著我」，而是「我有一個更好的計畫，我願意為公司付出更多」。

這個時候我們就要和主管探討接下來的計畫了，正確的做法是去做業務攻堅，主動去做主管在乎、代表公司未來方向的業務，闡明自己的思考、計畫、打算調動的資源，這個時候我們其實只是拋磚引玉，表明我們的態度和思考就好，並不需要多麼嚴謹，因為聊到這一步，剩下的就是要交給主管去考慮了。畢竟，升職加薪不是主管一個人說了算，也不是當下就能決定的。

我有一個朋友，他有一個奇怪的愛好，就是喜歡透過搭訕認識陌生的女孩。他畢業於北京大學心理系，喜歡和人聊天，探究人性。我問他是怎麼搭訕的，他告訴我，溝通是一個動態的過程，每一步都是引向最終目標的試探，每一步都要根據對方的回饋再決定下一步如何應對，這樣才是有趣和有效的。那些一下子就猴急的奔著目標去，是貪婪和無能的表現。

他搭訕女孩，從來不考慮怎麼開口，因為他第一句話永遠都是：「嗨，妳好。」然後觀察對方的反應，如果對方態度冷淡，根本不願意多看他，他就離開，當作一切都沒有發生；如果對方一臉疑惑看著他說：「你有什麼事嗎？」他就會根據對方臉上表現的情緒選擇回應的話。

比如，遇到自信爽朗的女孩，他會說：「看妳不像壞人，所以想認識一下。」其實，任何溝通都是這樣，是一個彼此試探的過程。我們需要有一個基本的邏輯，然後讓對方在我們的邏輯中進行對話，根據對方的反應決定下一步的應對方法。跟主管談升職加薪，也是這樣。

順勢而為，才能趁勢而起

很多人會把選擇和努力對立，認為選擇比努力更重要。過去的十多年，如果自己或者家人朋友提早買房的都會感同身受，比起努力工作，提前買了房，房價是翻倍漲，而薪資是緩慢的爬，這似乎印證了選擇大於努力。

但其實很多人眼中的選擇，只是碰運氣而已，即使那些買了房的人，多數都不知道為什麼房價一直在漲。而真正厲害的人，首先會看清選擇背後的邏輯，然後做出正確的選擇，再付出精準的努力。**選擇和努力其實就是這麼一回事，不努力思考，堅決執行，怎麼會有正確的選擇呢？**

拿房價來說，根據北京大學金融學教授徐遠的研究，自二戰以後，世界上多數國家的房價一直到今天都在上漲，金融界早就得出了一個國家房價上漲的經驗公式：房價增速＝經濟增速＋通脹膨脹速度＋城市化速度。

簡單來說，只要一個國家的經濟增長，發生通貨膨脹，開展城市化進程，房價就會一直漲下去。過去那些買房的人，其實是跟隨了中國經濟崛起的大趨勢以及城市化的進程。所以有人說，買房子就是買一張車票，是坐上經濟高速增長的列車，享受時代紅利。

明白了房價不斷上漲的邏輯後，我們在買房上就不難做出正確的選擇了。由此是想說明兩點，首先，選擇和努力是一回事。只有努力學習和思考，果斷決策，才能做出正確的選擇。其次，正確的選擇就是和更大的趨勢站在一起，這才是成功的關鍵。

小米科技的創始人雷軍，被稱為中關村勞模，奮鬥十六年把金山公司做到上市，但市值才約六．三億港幣。他說，自己當時終於悟透了成功的關鍵是順勢而為。於是離開金山，擁抱移動互聯網的大趨勢。當他再次創業時，只用了三年就把小米做到了市值千億美金。

抓住趨勢的根本，就是讓自己跟上更大的增長趨勢。從國家的趨勢，到行業的趨勢，再到公司的趨勢，哪怕是所參與的業務的趨勢，只要跟對了增長的趨勢，就能讓我們的努力價值翻倍。

就像買房，只要買了房，跟對了國家經濟的趨勢，即使什麼都不做，我們的資產依然在增值。而錯過了這個趨勢，想憑個人的努力趕上房價的增長，就是事倍功半了。所以，跟對趨勢至關重要。

三年前，有一位朋友找我諮詢，他是一家旅行社的高階主管，獵頭找到他，推薦了他兩個工作，分別是京東和中國大型旅遊網站「攜程」的旅遊相關事業部經理的職位。

當時他問我應該怎麼選，我給他的建議是選擇攜程。當時他沒有聽我的建議，他覺得京東平臺更大，待遇更好，於是選擇了京東。

但不到半年就後悔了，他感受到什麼叫做大公司的「寡婦部門」。因為不受重視，他們部門有些程式設計師都是被其他部門淘汰的，水準一般，還難以溝通。旅遊相關的產品想辦活動也不容易，京東平臺主要的流量都給了電子產品和圖書。最後，他只做了一年，就身心疲憊的離職了。

雖然京東是增長型公司，但是與攜程相比，攜程的票務預訂業務不僅在增長，旅遊相關業務也在增長，兩個增長疊加，對他的發展意義更大。所以，識別自己所做的專案以及自己所在的公司，是否在增長的趨勢中，是非常關鍵的。

對眼前的公司以及我們所做的專案，我們一定要有審慎的眼光。公司發展緩慢，或者我們所做的業務不行，這些都是阻礙我們發展的巨大障礙，靠努力是很難跨越的，也沒有必要消耗自己的職業生命去跨越。能夠選擇的話，當然是盡快離開這樣的公司，去更有潛力的公司。

怎樣判斷自己所處的公司或者所做的專案是否有潛力的呢？主要觀察三點：

第一，看業務資料。了解公司所處的行業發展情況，還有行業頭部公司的業務狀況，同時對比自己公司最近幾年的業務增長，看看公司的發展是否處於平均水準以上。正常情況下，一家公司的業務每年最少要增長一〇%以上才算基本及格，如果做不到這一點，就要慎重考慮這家公司的前途了。

第二，觀察我們身邊的大多數同事，是不是都比我們優秀。思考一下自己身邊同事的學歷水準、收入水準、工作能力，這些都能看出同事們是否足夠優秀，優秀的人一定會聚集在有前途的地方。

第三，未來一到兩年，我們在這個公司裡工作，會遇到哪些有挑戰性的任務，

能推動我們提升哪些能力，能積累什麼資源，這些能力和資源能否助力我們下一階段的加速成長。

我在做諮詢的時候，發現太多人在規劃自己的職涯發展時是被動的、消極的。這跟多數人買房是一樣的，都是到了不得不買的時候再來了解，才發現房價又漲了一大截，已經買不起了。

工作也是這樣，總是等到現在的公司幾乎待不下去了，再去看外面的機會，這樣的我們必然錯過了一個又一個的好機會。所以，我們要保持警覺，對趨勢敏感，而且要主動選擇趨勢、選擇公司。

我身邊發展順利的朋友，幾乎都是除了會努力工作之外，也會努力做出正確的選擇。比如，我的一個朋友，十多年前他在電信營運公司上班，有一次，公司請一位互聯網專家來分享，專家講到了未來電商的趨勢。

他當時特別留意，開始持續關注中國國內電商的發展，後來他抓住機會果斷跳槽去了一家電商公司。第一次跳槽去的公司不久就倒閉了，但是他還是邁進了電商圈，後來有了經驗，去了一家上市公司，現在已經是公司合夥人，身價相當不菲。

在這個時代，主動選擇公司，讓增長的公司為我們賦能，可以大大提升我們的成長速度。

假設一個優秀的基層員工，想要升職到總監的級別，該怎麼辦？過去，他只有在公司裡一步步從基層做起，按照平均兩年升一級的速度，從員工到組長、到主管、到經理、到總監，一切順利的話，需要八年。

可是，在今天，外部環境變化比內部快，他如果真的很優秀、行動力強，他的最優選擇是什麼呢？就是辭職，去更好的公司！

這個優秀員工，很快能找到一家優秀的公司，即便做一樣的工作，薪水至少也能漲三〇%，還能實現職級的一次躍遷。這樣操作幾次，他可能只需要花四年時間，跳槽三次，每次間隔一年，也不算特別頻繁，就做到了總監，省掉了四年苦熬的時間。

為何會這樣？因為這個時代發展是不平均的，資源會在某些公司或行業迅速聚集，它們的發展速度就會快過其他地方。而這些蓬勃發展的行業和公司，在這個時代就是在用金錢換取時間，畢竟花錢挖來值得信賴的人，比培養一個人可靠多了。

中國主營安全相關的網際網路公司奇虎三六零的創始人周鴻禕，講過一個故事。他親自帶頭做搜索引擎的時候，他就去百度和騰訊挖角。讓他震驚的是，有幾個特別聰明的人在百度、搜狗和奇虎三六零這三家搜尋引擎為主業的互聯網公司之間來回跳槽，一年的時間內，他們的工資收入翻了四倍以上。

對此，周鴻禕一點辦法都沒有，因為比起這些員工的薪資，抓住時代趨勢對公司來說要重要一萬倍，於是這些員工成了實實在在的受益者。

不讓無聊的內耗消磨能量，我們要學會洞察趨勢，讓公司為我們賦能。

後記
一路走來，要感謝的人太多

本書匯總了這幾年我在個人發展學會，從職業菁英研修班到管理菁英進階班的一切思考結果，也是一次有系統且完整的表達，對我個人而言意義非凡。

我首先要感謝個人發展學會這個平臺對我的支持，它是我事業的根基，也是我思想的沃土。只有在這裡，我才能接觸到那麼多鮮活的職場案例，才能做出那麼多的思考和表達，獲得那麼多的建議和肯定。在這裡我找到了期待已久的工作的幸福和喜悅。

感謝個人發展學會的創始人劉傑輝，他不僅是我事業上的領路人，還是我最堅實的後盾。對於管理的思考和實踐，他總是走在我的前面，我還需要繼續向他學習，繼續努力。感謝我們的合夥人石姐，我們六人行圖書團隊在她的帶領下，一路突飛猛進，感謝她對這本書傾注的心血。

感謝我的兩位產品經理，董文保和覃未來。在過去幾年，小保一直是我的產品經理，為我提供文章的選題方向，我們一起討論文章的故事和大綱，這些文章能夠戳到職場人士的痛點，很多都是她的功勞。後來，未來接替了小保的工作，這本書從策畫到完成，都是由她負責，她還肩負起了催稿的重任，書稿能夠按時交出，她功不可沒。

當然還要感謝圖書產品經理小黨，感謝她在圖書選題，章節目錄的編排以及後期校對和成書過程中付出的努力，這本書以現在的面貌呈現在大家面前，幾乎都是她的功勞。有同事說她是比我加班還多的工作狂，確實是，我每次加班寫稿都能見到她的身影。

特別感謝五位個人發展學會的老朋友，他們是職業菁英研修班的學長學姐，在本書最後的收尾過程中，他們利用祖國七十周年的國慶假期，認真閱讀了全部的章節內容，提出了非常細緻的修改建議，幫我完成了最後的修訂。

他們分別是馬欣陽（審校第一、第二章）、廖聖瓊（第二、第三章）、劉澤霖（第三、第四章）、趙美玲（第五、第六章）、曹萍（第六、第七、第八章），能夠遇到這樣優秀的夥伴，是我的榮幸。

最後，還要感謝我的妻子江媛，在無數加班寫書的夜裡和假期中，她都默默的支持我，用心給我做好吃的，我的內心充滿感動。

感謝閱讀此書的你，謝謝你們的陪伴。

國家圖書館出版品預行編目（CIP）資料

領導不需要頭銜：有了隱形領導力，就算你背後沒有一個團隊，
也不用一個人幹，很多人都願意追隨你。
／少毅著.
-- 初版. -- 臺北市：大是文化有限公司，2021.08
240面；14.8×21公分. --（Biz；367）

ISBN 978-986-0742-52-7（平裝）

1. 領導理論

541.776　　110009597

Biz 367

領導不需要頭銜

有了隱形領導力，就算你背後沒有一個團隊，也不用一個人幹，很多人都願意追隨你。

作　　者／少毅
責任編輯／江育瑄
校對編輯／陳竑悳
美術編輯／林彥君
副 主 編／馬祥芬
副總編輯／顏惠君
總 編 輯／吳依瑋
發 行 人／徐仲秋
會　　計／許鳳雪
版權經理／郝麗珍
行銷企劃／徐千晴
業務助理／李秀蕙
業務專員／馬絮盈、留婉茹
業務經理／林裕安
總 經 理／陳絜吾

出 版 者／大是文化有限公司
臺北市 100 衡陽路 7 號 8 樓
編輯部電話：（02）2375-7911
購書相關資訊請洽：（02）2375-7911 分機122
24小時讀者服務傳真：（02）2375-6999
讀者服務E-mail：haom@ms28.hinet.net
郵政劃撥帳號 19983366　戶名／大是文化有限公司

法律顧問／永然聯合法律事務所
香港發行／豐達出版發行有限公司 Rich Publishing & Distribution Ltd
香港柴灣永泰道 70 號柴灣工業城第 2 期 1805 室
Unit 1805, Ph. 2, Chai Wan Ind City, 70 Wing Tai Rd, Chai Wan, Hong Kong
電話：（852）2172-6513　傳真：（852）2172-4355
E-mail：cary@subseasy.com.hk

封面設計／尚宜設計公司　內頁排版／思思
印　　刷／鴻霖印刷傳媒股份有限公司

出版日期／2021 年 8 月初版
Printed in Taiwan
I S B N／978-986-0742-52-7（缺頁或裝訂錯誤的書，請寄回更換）
定價／新臺幣 360 元
電子書ISBN／9789860742619（PDF）
9789860742589（EPUB）

原著：隱形領導力／少毅 著